好老公

HOU LAU GONG / INTERNATIONAL

國際中文版

宅女小紅（羞昂）作品

宅女小紅
為（婆婆的兒）子
祈禱文

JHAI NYU SIAO HONG'S
PRAYER FOR SON (OF PO-PO)

主啊！

求祢塑造婆婆的兒子，使他夠堅強到能自己在家帶小孩；

夠勇敢到能面對屎尿布；在盧小的孩子旁，不拿衣架；

帶孩子時，仍保持站姿。

懇求塑造婆婆的兒子，不至空有手腳而不做家事；引導他給家用，

同時又知道，出錢又出力才是婚姻的基石。

我祈禱，願祢引導他不求安逸、舒適，

相反的，經過壓力、艱難和挑戰，學習在家庭問題中挺身站立，

學會憐恤在傳統壓力之下悲情的媳婦。

求祢塑造婆婆的兒子，愛好整潔，不躺沙發；

不然至少使他在躺下之前，先懂得挪開衣服；

永不忘記結婚紀念日太太的生日，又能給出像樣的紅包。

當他擁有以上的一切，我還要禱求，賜他勇健的括約肌，

使他能收放自如，不要臨出門就想大便。懇求賜他謙卑，

使他永遠記牢，洗鍋記得洗鍋蓋，

大便不要大太久，尿尿要掀馬桶蓋。

如此，我這幫人教兒子的，

才敢低聲說：「我沒有虛度此生。」

Oh Lord,

Build me a son of PO-PO,

who will be strong enough to parent his kids alone,

and brave enough to face diapers with poo and pee;

one who will restrain his hands from taking hangers when seeing LU-SIAO kids,

and stand upright when taking his LU-SIAO kids out.

Build me a son of PO-PO,

whose hands are functional to help with household chores,

a son of PO-PO who will give family expenses,

and that to know money and effort are the foundation stone of marriage.

Lead him, I pray, not in the path of ease and comfort,

but under the stress and spur of difficulties and challenge.

Here, let him learn to stand up in family problems;

here let him learn compassion for those SHIN-BU(s)

who are suffering traditional family pressure.

Build me a son of PO-PO, who has good personal hygiene;

who will choose to stand firm but not lay when seeing couch,

or at least make him know to move away the laundry before lying;

one who will never forget wedding anniversary and birthday of his wife,

and give red envelope (with money) at the right time.

And after all these things are his, add, I pray,

make his anal sphincter healthy and strong,

so that he may control his excrement coming in and out with consciousness,

yet never has the thought of defecation before going out.

Give him humility, so that he may always remember,

wash the pot along with the lid, never take too much time to poop,

and lift the toilet seat before peeing.

Then, us, teachers of all sons of PO-PO(es),

whisper, "I have not lived in vain."

本刊接獲居住在臺北市區的宅姓主婦來函，訴說其老公時常被不明引力吸走令人萬分不解，並疑心和老公多年前出國旅遊時的經歷相關⋯⋯

-SHOWN ON-
宅女小紅

原是一名喜歡渾噩度日得過且過、隱身於工業的中年內勤 OL，專長是
講垃圾話和使用 Excel，除了吃麻辣必點大辣之外，人生沒有什麼其
他堅持。因為被拋棄開始寫部落格，孰料每日吸引了近 8 萬人次瀏覽，
不但從敗犬翻身成為暢銷作家，故事還被改編成舞台劇，她睿智的開
釋話語療癒了千萬網友被奉為心靈導師，而且在成功把自己嫁掉又以
老蚌之姿連生兩珠後，晉身為百萬主婦跟隨的「媳婦界燈塔」。於中
年被迫失業後轉行當網美，不但發行媳婦專屬 LINE 貼圖還跨足主持
界成為了一名網路節目主持人。

工程師

宅女小紅之夫，身分為一名軟體工程師，以躺著育兒的姿態、選擇性重聽、手機不離身和隨時可以入睡等事蹟聞名主婦界。一項未經證實的消息指出，工程師在美國旅遊時曾被抓去 51 區進行人體實驗，之後放出無數個複製人分身，正在對地球媳婦們進行全面進攻。

長子

次子

至截稿為止為三歲半的半獸人，聽得懂人話但不太聽，因為生母不曬衣服的關係，一直以為衣架正確功能是爸爸用來打他的東西。

至截稿為止為一歲四個月的獸，非計畫性生育，是家中增添了洗碗機後母親心情愉悅下的產物。

美雲

宅女小紅之母，曾以「夏日部落格傳說之美雲請妳愛保重」系列為人所知，為一生養有三女一男的資深媳婦，宅女小紅育兒時的救援神手，於 2017 年成為一個和世間婆婆一樣＿＿＿的婆婆。

目錄

Chapter

1
一個母親的真情告白

● ● ● ○ ●

今天晚上孩子睡不著　十一點半還在屁配叫

老公在旁打呼　想把他殺掉凹凹

當媽　就滿足瞭　我以為其它　都不重要

人抓寶 全臺到處跑凹凹　我籠中鳥

想念妳的腰　想念妳的線條

想念妳胸線位置 和妳緊實的__道

想念電影院 和東區小店香香味道凹凹

記憶中那自由的味～道

歡迎收看

—— 母奶媽媽的奇幻旅程 ——

媽媽們應該知道，孩子一生就從孕人變成乳人，乳人跟清境農場的牛一樣，時間一到就要進行擠奶秀，那時很習慣在長程出門前先問有沒有地方擠奶，沒辦法奶放那不擠不舒服就算了有時還會爆炸，就不自覺地胸前兩坨溼難看至極，母乳媽媽的靈魂完全被奶囚禁，這種事情只要妳有餵就會懂。

有次要去美濃工作一整天，在小吃店吃飯休息時剛好是我的擠奶時間，問了工作人員說有擠奶處我真是太驚喜，不是我在看不起美濃，但一間位在鄉間的小吃部竟然有擠奶室這讓人怎麼不感動？想當初連去日本在很先進的百貨公司都找不到一間育嬰室，只能躲在廁所裡餵奶還佐以別人的挫賽聲，比起來臺灣真是美麗的寶島乳人的天堂四季如香啊冬暖夏涼（吟唱）。

拿著擠奶器我跟著店家走想見識一下附設育嬰室的小吃部，老闆解釋說因為他們家裡也有嬰兒，所以才會有擠奶處，果然只有母親能懂得母親，但感動沒維持三秒鐘，因為對方指著一個空間說就是這兒，蛤這哪是擠奶室，這根本他家客廳啊！

客廳就算了還有兩個人坐在那，其實不只是有人，該處是里長伯他家的客廳吧，就是有一面是紗門，方便里民直接進來泡茶的那種，這是一個超級開放的大空間，這不是擠奶室這不是擠奶室啊（滿地打滾）。

對方指了一張背對著紗門的沙發示意我可以在那擠，另一張沙發上的兩人在看電視完全沒有離開的意思，所以擠奶室的意思不是私密小空間嗎，我想我不明白這個世界（點菸）。可來都來了為了展現大器以及不耽誤行程既來之則擠之，再不擠我的霹靂星球就要爆炸惹（一個老派的形容年輕人應該不懂吧），霹靂貓要乘太空船逃粗來逃粗來了啊（夠了）。

拿出擠奶器旁邊的太太突然跟我聊起天，問我好不好用多少錢等等等，所以我一邊掏著奶一邊在跟陌生人講話，我一代網美為什麼人生會走到這一步（點菸）。終於那兩人走了我擁有自己的擠奶空間，沒五分鐘突然有人推開紗門進來，那個摸門我覺得乳汁都要縮回去惹，幸好是個女生，看到客廳有人在擠奶也完全沒有震驚感，自若地跟我打招呼，囊道這真的是間正規擠奶室嗎她為什麼見怪不怪，這是她家客廳

啊又不是清境農場，有個人在擠奶啊啊啊啊啊～～～

對方翹著二郎腿坐在旁邊的沙發滑手機，我試著不去想這一切專注在我的奶上，實在是怕想太多最後會想不開；無奈事與願違又有人闖進我的小世界，有位歐巴桑拿著掃把進來但不掃地，直接站在我對面問我擠奶器好不好用，恕我直言她應該沒什麼機會再用了，幹嘛來跟我討論啦！好不容易歐巴扇和滑手機的小姐都走了，背後突然傳來喊聲有人說老闆我要買冰，什麼東西原來這裡同時是間冰店我根本在店鋪裡擠奶，他大喊了三聲「老闆我要買冰～～」好怕他直接衝進來，我可不知道一支冰賣多少這錢要怎麼收啊（這不是重點吧）。

平常隨便擠都有 240c.c. 的我那天只榨出 180 就乾枯了，現在想到這一切還是覺得好奇幻，我不是逮丸ㄟ凱莉不來蕭嗎，為什麼會在冰店大廳上演擠奶秀？希望這是一場夢他們都沒看到我的奶頭，不過我想這有點難度，畢竟母奶媽媽乳首黑到發亮，狙擊手在十公里外也都看得到它們不說，又被擠奶器拉很長，衛星空拍圖看到的除了萬里長城外就是我的奶頭啊（閉眼）。

週末實況兩子女作家的

「人家說生了孩子會更想殺夫，這事兒千眞萬確不由得妳不信，本來濃情蜜意的生完孩子後會有點氣老公，像我這樣原本就在氣的生了孩子後會轉怒意為殺機，多少個夜晚我都在苦苦壓抑想敲他後腦的衝動，糾竟為什麼女人生子後會這麼易怒呢？」（宅姓女作家，臺北市，41歲）

AM 07:00

起床先整頓一下孩子，幫小的換尿布準備吃食，大的通常更早起爸爸已經處理好，但父親就是生他養他卻不教他，所以就會滿地麵包屑和玩具，有時還在不開燈的房間裡讓孩子在看書他在睡覺你莫文蔚逆！

AM 09:00

開始洗衣服，孩子上學後每週都會帶回一堆鋪蓋被子要洗，不過比起跟小孩纏鬥，能洗被子的我感到很幸福。

DISCOVERY MOMMY CHANNEL

本刊近日接獲前述宅姓女作家投書，為了讓世人明白媳婦產子前後為何會差架逆阿追，特別委託媳婦生活觀察委員拜訪宅姓女作家進行深度田野調查，讓大家實際了解一般女性在為人母親後人生會產生什麼變化，以下請看二子媽的週末實況報導～

綜合報導 = 媳婦生活觀察委員

AM 09:10

幸福總是消失得太快，不一會兒就會聽見遠方傳來孩子大哭的聲音，二子生活就是小的鬧大的大的推小的最後兩人哭成一團，最氣的是聽到聲音衝到房間，最後往往看到睡眼惺忪一副狀況外的父親；不是叫你看小孩嗎！你這叫人形立牌啊而且還立不起來啊混帳。

AM 09:30

為了消耗孩兒的體力週末安排了游泳，開始準備泳具以及次子要帶出去的午飯，通常一邊準備一邊怒吼老公叫他處理兒子，但大半時候是我已經準備好一切而兒子還穿著睡衣老公穿著內褲躺在那零進度。

☐ AM 10:00 🕐
鬧哄哄的終於出門了。

☐ AM 10:50 🕐
夫妻倆一人帶著一個孩子游泳，說
是游其實是父母舉著孩子在水裡漂
浮，想消耗孩子體力累的往往是寄
己，明明參透了這點還是不能不出
門，這就是父母的人蔘。

☐ PM 1:00 🕐
洗好澡餵食完孩兒上車回家，不意
外的在車上孩子會睡著，卑微的父
母就會去買點簡單的食物在車上完
食，養兒方知父母恩這話我現在終
於懂惹。

☐ PM 2:30 🕐
孩子們差不多醒了可以下車
了，現在就是一個孩子充好電
生龍活虎，父母一早起來陪玩
陪游槁木死灰，累呀～

☐ PM 3:00 🕒
回家後媽媽忙著洗泳裝父親假陪玩真睡覺。

☐ PM 4:00 🕒
孩子想拆房子了趕快帶去公園健走，假日就是要出去還出早午兩場做人父母真是個辛苦活兒～

☐ PM 8:30 🕖
準時回家一刻也不能早，一進家門直接去洗澡今天終於快結束了。

☐ PM 9:30 🕤
撂倒孩子終於有空打理一下家務，開始擦地洗奶瓶整房子。

☐ PM 10:30 🕥
直到此時才有時間坐下來寫個稿，邊寫還要邊穿插著去做孩兒明天的吃食。

☐ AM 00:00 🕛
終於能躺平休息了啊。小兒半夜可能會哼哼唧唧，就算他都沒有，早上也是七點左右就醒了，想想曾經一睡到中午的我，當媽後睡眠時間緊縮到六小時了啊（輕吐菸圈）。

未生婦女們，請把握時間好好睡吧！ 完。

我的羞恥心 ✦
哩底兜 we

　　猶記我懷次子時，有天我的產檢醫生出現在我 FB 留言版上，機不可失我立刻把身體上的小煩惱與他訴說，就是我偶有<u>月工</u>被撞的<u>港覺</u>，像古代攻城時，有人拿著大樹幹在撞城門那樣，只是這回撞的是肛門。電視機前的少女想必以為是老公在淘氣地用<u>痣己</u>的樹幹（？）偷撞我吧，抱歉沒那麼浪漫（哪裡浪漫啦！），有自然產過的媽媽<u>丟災</u>，陣痛來襲快要生時，就是一種有人從體內撞肛門的<u>港覺</u>，可我預產期還遠<u>咧</u>怎麼就這麼被撞了，這應該是件嚴重的事吧孩兒好像要衝出來了啊（抖）。

　　結果醫生還沒回我友人先私訊給我，讚嘆當媽的人都好放得開，要是從前的我說得出被撞肛門這種話嗎？想想還真有點難開口呢，而現在我的羞恥心<u>哩底兜 we</u>，我臉皮怎麼變這麼厚。幸好正當我在想著我也太不知羞了吧，怎麼當媽後什麼話都說得出口時，就有另一位孕婦友人搭版問話內容如下：「那我也順便問，我胎盤有點後傾，每天晚上都有被肛肛的感覺，走路也像生芒果一樣。這樣要怎麼解套呢？」天哪是剛剛好的肛肛嗎那是什麼東喜，這種話是可以這麼澎湃地公開問<u>粗來</u>的嗎（揉太陽穴），經過的人看到留言都情不自禁地提肛了吧，只是孕婦的<u>月工</u>怎麼就這麼常<u>粗逮擠</u>，胎兒幹嘛這麼愛跟<u>辣邊</u>過不去呢。

　　想起有天友人說在捷運上看到一位媽媽親餵母奶，因為角度問題不小心瞧見了她的<u>膩頗</u>，他心一驚但不想表現得太沒見過世面只

好裝沒事的故事,我心想不然呢,要去行天宮收驚逆。這麼說來產子前我也在捷運上看人餵過奶,而且是覺得行跡可疑研究了半天才發現她在餵。當下我也是心頭一驚啊,驚的除了妳怎麼會在公共場合就這樣放出妳的奶頭,雖然沒看到啦完全被遮住;還有就是她把孩子放腿上躺著哦,竟然這樣可以餵到母奶媽媽胸線是有奪低(泫然欲泣)?

但產子後我也很常走到哪餵到哪在公共場合披塊布就餵起來,有次在老公公司餵,一桌子坐了他的同事們,我兒邊吸還邊發出吸吮時的啾雞啾雞聲,我也只是翹著二郎腿在滑手機(特別寫出翹著腿是想表達平躺還餵不到,我胸線還算高)(但彼當時是長子才出生三個多月的時候,現在生完兩胎餵好餵滿的我,孩子就算躺在大腿上也喝得到奶了(點菸)),完全覺得沒什麼,現在想想他的年輕小夥子同事們應該很嚇可,可能爭相發訊息出去說有個女人正在餵奶吧,但餵奶有什麼,小孩餓了就掏粗奶來不是很自然的一件事嗎(瀟灑)。

回想起以前在外上廁所,會注意一下旁邊有沒有人不好意思上得太奔放的痣己,現在為了趕時間都馬西哩嘩啦地讓＿＿忘情奔騰著;才在門口就想解皮帶尿完手有沒有洗我都不太在意了(小朋友不要學),當媽的生活就是任何事都放兩邊只有孩子擺中間,哪有什麼好放不開的,羞恥心是什麼,它跟著胎盤一起排出體外惹,原

來這就是人家說的為母則強啊～（眺望遠方）（是臉皮厚吧）

　　順便跟大奶姐妹們說一句：奶大勿自滿，越飽滿的胸部頭垂得越低，囂張沒有落魄得久啊～（輕吐菸圈）

新手媽不願
面對的眞相

　　有天跟一位年輕媽媽共聊媽媽經，說到這，以前我鮮少會跟不認識的人講話，可當媽後什麼都放下了，公園裡馬路邊醫院候診時，都常會不小心跟其他媽媽聊上，並且知無不言言無不盡媽馬什麼都能聊，比如那天我們就在聊奶頭有奪長，實在不像初次見面的人應該聊的話。

　　爲什麼會聊到這，因爲講到餵奶一事該名年輕媽媽說她只餵了一個月，現今媽媽很多都會餵母奶嘛，因爲生完孩子醫院牆上貼的護士嘴裡講的所有人心心念念的，就是妳有沒有奶。聽說有的醫院有業績會被檢討母乳哺育達成率，於是無論何時寶包餓了就會有人叫妳去餵奶，更絕的是還不給配方奶，沒奶就餓著孩子硬是逼妳餵，整個超可怕的啊。那位媽媽是沒遇到，她是看到美好的海報覺得餵奶好像很親密，加上剛生時母愛大噴發自然就加入母乳行列，之後的沒日沒夜胸前永遠掛個嬰兒，孩子不會吸或吸個沒完就不說了，最崩潰的是她發現不但胸垂了奶頭還變好長，本來怕是自己的問題，後來去問了所有朋友大家偷偷地承認就是會啊，怎麼世人都只呈現出溫馨的一面，就沒人告訴她眞相呢。

　　我說妳就是沒看我文章啊（摟），生完後我就與萬千網友分享過奶頭有奪長一事，不只長是又黑又長，衛星空拍圖除了拍到萬里長城外，另一個拍到的不明物體其實就是我的膩頗啊。江湖有傳聞親餵母奶不易蛀牙，原因是奶頭會直接深入孩子的喉嚨不會經過

牙，你就能想像到底有多長了吧，類似＿＿＿時遇到黑人那麼長啊（我在說什麼！）。那時我是聽但沒感覺，直到有天發現穿奶罩時奶頭會被對折在裡邊兒（大家想聽這個嗎）才發現事態的嚴重，無奈那時已回不去了啊。

餵奶還會讓妳胸部變小變垂呢，天天脹奶擠光脹奶再擠光，就像氣球充飽再放氣充飽再放氣，哪可能不又皺又縮呢？該名年輕媽媽餵了一個月就不餵了，而我呢，幸好我老蚌生珠奶早就不在水平上，就算垂了好像也只是差了一點點就算了，原來老蚌生珠也有好處的，至少妳不會突然覺得美好的一切離妳遠去，因為我早就看不到美好的車尾燈了啊～

分享一下我餵奶時看的是《武媚娘傳奇》，有一集武媚娘流產了，我怎麼記得武媚娘本人沒流產過（為何聊她像在聊鄰居，是跟她本人很熟逆），那不是重點，重點是她已經懷孕後期但被陷害滑胎，她肚子原本很大看起來是快要生了，被害後昏迷在床上一起來摸了肚子平掉，大叫我的孩子呢就瘋狂奔出門，這事兒以前我可能會信，現在一看就知道某摳零啊。

剛生完下邊兒有奪痛沒生過妳不會懂，你看凱特王妃生產完優雅地走出醫院世人有多讚賞，也就是說剛生完這樣算很勇健了，最好有辦法從胯下娩出一嬰後就可以像沒事一樣狂奔出門啦。但也可

能她體質特異生完就像沒事人一樣，之前老看到新聞報有人走著走著生小孩，還有一個生完後抱著就走回家了的臍帶好像還連著（那內褲呢）應該少林寺出來的吧？總之妳要奔出去好吧我接受，可摸到肚子平掉那裡真是惹毛我，因爲我在生小孩前也以爲肚子裡的孩子出來肚就會平得像少女一樣（屁啦我懷孕前也不像少女），其實不然，剛生完根本還像有七八個月，不知肚子裡都裝了些什麼，幸好走出病房看到所有媽媽全都有個肚子，可見不是我個人的問題，是產婦共同的業障。那陣子常睡到一半迷濛中摸摸肚子很安心（孕婦都很愛摸肚子），結果一個翻身孩子根本睡在我隔壁，那肚子裡的是什麼，就是肚子沒別的，我是個大肚子但裡面沒孩子啊啊啊。

不是我在說二胎肚真的很難很難很難收，我已經是個大家覺得肚子很小的人了，我快生時醫生以爲我六個月，生出來後卻還是一直六個月，第一胎時肚子很快平掉第二胎真的無法，我個人做了冷凍融脂有平一點，但平掉也有另一個煩惱，就是呈現一副老態，像老年人的脖子肉一樣看起來豪老。反正生第二胎就是肥肚子和老肚子要二擇一，認清這點，也就海闊天空了啊（淡淡）。

所以武媚娘妳不要再騙人了生完根本不會立馬平腹妳少在那邊，我的朋友克萊兒孩子都上幼稚園了坐公車還會被讓座呢（克萊兒何辜），電視機前的少女們千萬不要被騙了，趕快認清真相，產後才不會因此憂鬱啊～

敦克爾克大行動 ✦
觀後感（不知有沒有雷）

　　是的我看電影了，看到自己寫的大標我又忍不住落下了感動的淚，電視機前的女孩兒們應該不懂我在激動個什麼勁兒吧，家有幼兒的母親可能比較懂，家中有兩個嬰幼兒平常也沒外援的應該正在跟我一起哭，哦我進戲院了我進戲院了我進戲院了啊啊啊啊啊～～～～（沙灘奔跑）

　　只有一子時還能偶爾丟給家母，但兩個小孩真的很難丟包，這次是因為我們出去玩帶上了家姊和我媽，剛好一人可以塞給她一個真是無良父母的小確幸。老公喜得沒孩子的週末，立馬研究了電影時刻表，選了這部想看很久的《敦克爾克大行動》，因為他是導演諾蘭的粉，據說早已上網看了千百次影評，終於有機會進戲院他喜孜孜，想到他上網看影評看到如數家珍一副有看過的樣子，應該就像地獄的遊覽車一樣吧（有人記得這個嗎），坐在自己家裡假裝去了哪裡實在心酸啊。不過正要同情他的當兒，想到老娘在忙東忙西時他在對著電腦神遊電影院，那個同情感立馬蕩然無存還起了些許殺機，我想老公就是一個讓人無法同情太久的存在啊。

　　不意外的我在電影院睡了幾次，沒有突然<u>起番</u>的孩子以及放眼望去哪裡都有得整的家務，電影院真的很適合睡覺呢～平常跟小孩睡我連晚上都睡不安心，只有戲院能享有深層的睡眠，套句諾蘭另一部片《全面啟動》的概念，我應該睡到第七層了吧可以醒好幾次都醒不來，不像在家孩子翻個身我就醒<u>惹</u>，沒孩子的您不能體會

吧,總之請珍惜身邊沒孩子的時光好嗎。

電影不能說不好看雖然我睡到第七層,但它讓我非常有感觸,因爲戲一開始有個小兵一直想大便可沒機會大,他只要一蹲下來就會有事情讓他沒法<u>棒賽</u>,幾度拿好廁紙脫好褲子都蹲下了,硬是遇到一些攻擊或事件讓他沒法順利出恭,電影到最後他好像還是沒有大(或是有趁我睡時偷偷去大)(這算劇透嗎),戰爭時期的軍人好無奈,就跟帶小孩的我的處境一樣啊(拭淚)。

跟各位簡報一下我每個週末的生活好了,早晨七八點先餵次子喝一個奶,長子起來後要吃饅頭喝牛奶,不久後次子又醒了又要喝奶,餵完準備長子中飯次子副食,然後次子又餓了繼續喝奶,邊催長子吃飯邊餵次子,吃完打發長子去睡繼續弄次子週間的副食,看看時間十二點多一點,我的一個早上就在煮飯餵奶中虛擲。之間還穿插著洗衣服,孩子上學後禮拜五都會帶棉被睡袋回來我要一直洗一直洗一直洗,一個週末我通常會洗三次以上的衣服洗衣機好忙,但洗衣機再忙也沒我忙,光準備吃的餵飯擦桌子擦地對了我還要擠奶,一天結束發現我只做了這麼幾件事,家裡亂得要命沙發上都是衣服,但我真的沒力氣再整理環境了啊。

有兩個孩子後,假日就是在吼小孩做吃的吼小孩做吃的中度過,我還是有褓母的人了,沒褓母的是這輩子都在吼小孩做吃的吼

小孩做吃的吧。最近深深體會到做飯不容易我娘美雲真偉大，可能我對此事不擅長，總覺得我買菜做飯就用盡了所有時間（對，我沒用），做出來的還都很老哏老是那幾樣。現在也突然理解爲什麼家裡老是這麼亂，亂到小時候我都覺得萬分羞恥都不敢請同學來玩，電視裡的人家都很整齊的啊；當時還不懂事地認爲爲什麼我家不像電視裡的人家一樣，我媽爲什麼這麼懶，現在想想因爲我娘她有四個孩子啊（淚垂）（生多了別的地方也垂惹），沒時間整家裡是理所當然。等孩子大了上學了總有時間了吧，到那時候就習慣亂亂的了所以也不覺得怪了吧（是嗎）

　　現在呢溫刀沙發上永遠堆滿了衣服，之前有客人來時會把它們堆到房裡，現在也懶了就讓它們自然地堆在那成爲沙發上的風景。工程師有天很自然地倒臥在上面我還不好意思發他脾氣，總覺得我沒收好是我的錯，畢竟我現在主業是家庭主婦（差）。更可怕的是亂是一件會習慣的事，有天我帶長子先出門了，後來回家家裡變很整齊，一般人不是猛一回家看到家裡變亂會覺得遭小偷了嗎，我記得我那天一開門震驚不已問老公說「小偷嫌我們家太亂順手整了嗎？」，結果是工程師整的（不然呢），他說長子不在家特別舒心還能慢慢整家裡，希望他有體會到家裡亂都是他寄己兒子害的啊～

　　說到這我想起家姊溫蒂曾說她只要一帶小孩就便祕，我本感到不可思議因爲溫蒂是個腸胃非常好的女人，一般人出國都會必結一

下可她不會，開完刀後有人會因為沾黏便祕她也不曾，她有一個無論遇到任何險境都能化險為夷的腸胃，是可以去參加中國好腸胃海選，肯定進入決賽的腸胃啊！！（要怎麼選呢這）沒想到這樣一個中國好腸胃竟然會因為帶孩子便祕，她說因為她只要一有便意，就會有孩子的事要忙久了就耽擱了。大家知道的，雖然有句話說戲棚底下站久就是你的，但這句話在大便界不適用，屎這個玩意兒存久了就不是你的了，它會變成一支狼牙棒出來時更痛苦（需要講得如此深刻嗎），有時甚至就出不來了啊。

　　帶孩子原來就是一場敦克爾克大行動啊～（遠目）一路遇到各種艱險，最後靠著救援活過來，向每個偉大的母親致敬！（踢正步）

一個相由心生
的故事

　　我一直長到很大才知道原來大便是項才華，我說的不是花式哦（哪來的花式，像雙人滑冰一樣嗎！）就是一個正常的排便。會發現是因為有個朋友非常震驚於我每日都大便，他說活到四十多，我是他認識唯一一個天天都能大的女孩，我聽了覺得不可思議，棒賽不是我們生而為人的本能嗎，打聽之下才知道不四的，原來身邊雖然不到全部，但很多女生沒有天天大，難怪這麼多利便品廣告都是以女生蹲馬桶當主題，就沒看過男生當主角的吼。原來會大便是一個足以寫入履歷表的長項，我除了使用 Excel 外又多了一個專長啊（但主管想知道這個嗎）（那讀者又幹嘛要知道呢！）。

　　但那都是以前的我了，自從內個喪權辱國沒大便的週末之後，現在我必須要黯然地把排遺從履歷表上拿下（本來就不該填！）。記得我是某個禮拜天下腹倍感沉重，回想起來才發現的，只是週六我都做了些什麼怎麼會忘了這種事？（陷入回憶）（理論上該有盛竹如的旁白吧）

　　那天早上起來帶兩個兒子去游泳，準備用品餵好奶弄好吃的游完一點半到家，到家先壓大的睡午覺，他睡覺後我開始洗衣服收東西，再準備下午場要出門的東西，自從有了兩個孩子後週末根本無法待在家，在家就是長子玩什麼次子就要去搶，大的推小的小的哭爸爸揍大的大的也哭，一片鬼哭神嚎罵聲哭聲大叫聲不絕於耳，這是家嗎不是這是地獄啊。

這時打開人生的錦囊唯一的解決之道就是出門，唯有帶孩子出門走走晃晃才能忍住不拿出棍子，這心情父母都懂吧（結果只有我這樣）。長子睡醒後次子要睡了，年紀不同的孩子睡眠需求不同生兩個<u>哩丢災</u>。把次子放上車長子拎出門往公園前進，假日的公園是一個人山人海啊～看來家家戶戶都有小孩在家會想揍他們的問題，不然為什麼有小孩的全都在外面（才不是）。孩子放電完吃個飯回家洗澡睡覺一看十點，我想今天便意是有來過的，它輕輕地敲了敲（肛）門我沒應它就走了，便意就是輕輕地來又悠悠地走，但我哪有時間處理它呢？在錯的時間遇到對的便意，下場就是淡淡的遺憾吧這就是<u>人蔘</u>～（好淒美）

隔天早上吃完早餐有點 <u>fu</u> 了，這種事很重感覺的它終於來了，無奈長子先我一步釋放出想拉屎的訊息，我立馬把他架上練習便座，之間次子一直想闖進廁所被我抓出來。突聞屎味以為長子成功了他說沒有，一聞結果次子大便了，叫生父來換屎，他的聲音從另一間廁所傳出告訴我他正在大便，這個早上我跟屎的連結很深，全家的男人都在大便，而我的便意又有誰來關心呢～（凝望遠方）換完次子處理好長子捐精者還沒大完，這就是讓男人帶手機進廁所的弊端，三分鐘能解決的事他三十分鐘也做不完，而<u>媽馬</u>的便意來了又走來了再走，就像郵差老是無法投遞，最後就不來了。

這就是我的長項再也不是拉屎的故事，一個曾經叱吒茅房的女

子，當媽後也只能三過廁門而不入，做母親對一個女人來說影響實在太大太深。以前的我就是那種一天沒拉屎心情就超差的人（大家到底幹嘛要聽介果呢），就連剛生完坐月子時，明明下面很受傷，我還是堅持著每日要有產出啊（好了夠了）。不過當媽後很多事都被打破，比如我再也不會堅持要吃很燙口的東西了，比如我也不會早上一起床就一定要先刷牙，不然不講話了。事實上我還常忘了洗臉，坐在車上才摳掉眼屎再用手指梳梳頭髮是我的日常，我不是網美嗎！

但這些都遠不及接下來要講的這件事讓我覺得驚心動魄，是醬的，某天晚上我走在路上突然覺得頭頂被什麼東西彈了一下，但也沒什麼後續就沒想太多，主要是我推著兩兒走在路上，這時誰會想到自己呢？等紅燈時摸了一下該處溼溼的，我還看了手聞了一下無色無味想縮是水吧，進了電梯一看啊幹有顏色，該不會是鳥屎吧！！我給工程師看他說一定是，我說真的沒味道耶奇怪，他說可能該鳥隻當天飲食清淡（？），總之我頭上有屎我一代網美我頭上有屎啊！！

一回家我就先衝去廁所用水洗了一下瀏海，然後掛著溼溼的瀏海來處理兒子們，待兩人都脫了鞋子玩起來，東西也收拾了一點顛，我實在受不了，才恭敬地問老公我可以去洗個頭嗎，雖然其實沒必要問的我頭上有屎它有屎啊！！！！！但總覺得把二子一起丟

給老公很不講道義，就算他常在廁所一待半小時他不仁我也無法不義我爲人就是這麼講義氣，他說了快去我才放心去洗頭。

以前怎麼會這樣，走到半路我就衝進小林髮廊了吧，但現在的我心中已無我，誰叫小孩已經來毀掉媽馬的身材和皮膚和衛生習慣，他們毀掉了媽馬的一切啊～～電視機前的少女千萬不要嫌我胎哥，妳要生了小孩跟我應該也差不多，而那時我孩子已經大了我在翹腳捻翠秋了，還告訴妳說我們以前都不會這樣不啦不啦不啦。但聽到這話妳也不用沮喪，因爲我以前也會的只是忘了，育兒就是又辛苦又快樂，而苦的片刻過了就忘了的事，媽媽心中只有對小孩的愛啊～

至於婆婆的小孩，不要再問太太爲什麼以前是可人兒現在老結屎面，你有給她時間你有放她自由嗎？你沒有，你只想到你寄己，所謂相由心生，我一肚子大便又怎麼會有好臉色呢～

一碗泡麵
的故事 ✦

　　近年來我發現出門住旅館很素喜，雖然縮住外面怎樣都酥湖，但有小孩後好像感受更深了，除了打包有點麻煩外，待在家好不容易孩子睡了耳根清淨了，坐下放空沒五分鐘就得去做些他醒著時沒法做的事，我想當媽的只有不在家，才能完全享受什麼都不做的自在吧。不，還有要帶上寄己的老木，因爲我其實都要假裝帶我姊我媽去度假，然後把我的孩子都丟給她棉，才有辦法享受放鬆的假期。大家說當媽是否很辛苦，我娘的孩子都 40Y 了還要被孩子這樣設局陷害，我都要爲她流下同情淚了呢。

　　某次度假晚上孩子睡了我和家姊在旅館附近閒晃，這又是一個當媽的小確幸，就是孩子睡了有人看著就可以出去晃一下，倒也沒什麼目的，但平常晚上根本不可能出去晃啊～晃著晃著想到老公晚上常吃消夜我順手買了個泡麵給他，沒想到回房他已半昏迷我說那我就吃了吧，惱公震驚不已說妳晚上沒吃夠嗎？一副我吃了多少東西一樣明明沒有，雖然我們買了很多小吃回房吃，可用餐時間我一下要罵長子一下要餵次子，哪有時間好好吃個東西，當媽的就是這麼忙你可不要看不起媽馬！

　　不過以上是吃泡麵前的想法了，吃完後我打一個飽嗝心想我錯了，我其實晚上還真吃了不少呢（羞），但怎麼一點印象也妹有，研判是吃飯時眼觀四面，要隨時注意孩子有沒有乖乖吃，一手餵著次子奶還要隨時準備飛撲出去壓制長子，東西一樣往嘴裡塞可我食

不知味也不知吃了啥，總之就是把握時間吃就對了。你也許不能體會我的感受，這樣說吧，假設你去看 Lady Gaga 演唱會結果前座有個人一直打呼，你感覺你聽了嘎嘎但回去仔細一想好像又沒有投入搖擺有聽像沒聽，媽馬的心情丢洗安捏哩甘知影（雙淚垂）。

然後我突然明白，爲什麼我整個孕期只胖了七點五公斤，理應生完就跟少女一樣（屁啦，我未孕前也不是少女身材），結果孩子都快五個月了老娘現還有四公斤在身上。爲什麼我如此小心防範，孩子吃剩的我從來不吃總是很大器地倒了，因爲江湖盛傳媽媽會胖是因爲吃了孩子剩下的東喜，可我明明沒吃還是瘦不回來，我想是因爲吃飯時我總是想著下一刻清閒不知是何時，所以沒有明天般地塞；孩兒睡後發現靈魂很空虛，因爲我只有用嘴吃沒帶感情，導致又覺得好像沒怎麼吃（都是藉口！）夜深人靜時我又開始想進食。哥喝得不是酒　是寂寞，媽吃東西也不是爲了填飽肚子，是爲了彌補心靈啊。

所以不要再議論有些女明星生產完爲何瘦不回來了，可能是忙真的沒時間運動，或許是放鬆下來就想用吃來忘卻瘦不下來的罪惡感（咦），媽馬的心情我懂我都懂，請不要再爲難母親了課以嗎。帶孩子讓人疲倦無力又想全力以赴，這也是爲什麼有人以前不喝酒，當媽後孩子一睡就開喝，因爲我們需要放逐自己啊～～～想到以前家姊溫蒂回臺灣，只要孩子一睡她必定把孩子丢給工程師，

熱情地把我拉出去逛夜市或按摩或運動或什麼都不做只是在路上遊蕩，那時我和美雲都覺得她就是愛出門吧，現在我懂了不是這樣的，她只是想逃離孩子事和家事啊。

　　最後我也深刻地檢討了瘦不下來的原因（不就是泡麵嗎），第一胎五個月時我好像瘦到比產前還瘦了縮，可第二胎我硬是有四五公斤完全減不下來。除了吃飯時間難以固定外，生兩個真的讓我睡眠不足，我等中年人睡不好代謝怎麼會好。

　　想到朋友的老公在孩子睡後就去健身，然後還怪太太說嫌自己胖有什麼用，妳要有行動力啊去跑步啊等等等。男人也許覺得孩子睡了孩子的事就畫下句點了吧，手上工作做完就沒了不是嗎，錯！男人是用手（或用電視或用平板）在帶孩子媽馬是用心在帶孩子，孩子醒著時在想如何克制自己不去揍他（咦），孩子睡了後我的搜尋列都是「長牙痛」、「發燒怎麼辦」、「幾歲該戒奶嘴」這類東喜，女人根本就用生命在帶孩子啊。不要再怪太太沒有產前嬌俏溫柔和一手能環著的腰了（幸好那個東喜我產前也沒有），為母則強爸爸不懂的，還是包個紅包讓太太去融脂吧（什麼啦）。

母親真偉大 ✦

　　前陣子看到一個影片很感動，內容是一個假的產品叫午睡時光，媽媽只要用之悶住孩子的口鼻孩子就會乖乖睡覺這樣。這是一個搞笑影片啦請不要報警抓我，只是不免回想老身多久沒有甜美的午睡時光了，不要說午睡，我連好好整個房子的時間也妹有，所以看到影片裡孩子秒睡我都要感動落淚進而想發起團購了（咦）。影片貼出後是一遍團購 +1 聲啊媽媽們是有奪累，也有很認真的網友表示他如果有小孩一定不敢交給褓母，他是覺得褓母會成天對他的孩子用藥就是，好吧我沒孩子前也是很擔心這種事，可現在我已經放下了啊（這不能放下吧）。

　　上次和網友討論褓母的事，講到我每天都要料理孩兒吃食因為我褓母是不做飯的，有人回應「什麼褓母不做飯，她這活兒也太好當了吧」，我心想只是沒做飯也不至於輕鬆到哪，褓母是個心很累的工作啊。小孩長到一定的程度那個活力實在可怕，長子兩歲出頭早上眼睛一睜開就在房子裡繞圈搞破壞，不像嬰兒時期每天對他說的盡是我的小寶貝媽馬親一下之類，現在家裡是「ㄟㄟㄟ不要碰那個」、「你會摔下來」、「手伸出來！（要打的意思）」、「把拔要揍你了！」聲不絕於耳，叮叮噹噹的兒童音樂伴隨著動物叫聲（嬰兒玩具很多都是這個路線），這樣溫馨的家庭蔘活已離我遠去，雖罵的就是父母的恐嚇叫囂聲加上兒子崩潰大哭聲，組成了我人生的新樂章（給我菸）。

　　育兒至今很多以前覺得很重要的家規我已拋到腦後，比如前一個褓母被我發現常給兒子看電視，後來我就換褓母了，就覺得妳怎麼可以用電視育兒！現在倒覺得開個電視能讓他安靜半小時那就開吧，誰有辦法整天盯著孩子防止他作亂我有其他事要做啊。以前覺得小孩還是別吃藥的好，現在看到兒童感冒藥水副作用是嗜睡我嘴角還會不小心上揚，搓手捻痣毛或許有情不自禁地發出嘿嘿嘿聲吧（我好忙）。但我不會亂餵的不要急著通報，也請體諒一個母親的疲累，孩子是剛出廠的電池效能佳還可快充，瞇十分鐘可以蹦跳五小時活力都充沛，而我的電池老了耗電很快且補不回來啊（搥肩）。

　　而且小孩長到兩歲後真可怕，他每天都在注意妳在幹嘛，我的化妝棉是可以對半撕開的嘛，長子兩歲時每天站在桌旁看我用，有天我打開化妝棉就發現裡面的全被撕開了。煮飯煮到一半電鍋被他按掉了吃飯時間打開還是米這是日常；烤箱微波爐只要我轉了後走開，就會看到他手刀衝去轉。看到我提著髒衣籃會大叫「洗衣服～」然後奔去陽臺轉洗衣機，認顏色認器官認動物教他八百次都不會，可操作他不該操作的東喜看一次就上手，我有天還看到他拿著羅賴把在轉桌子的螺絲，真的好有才華呢。（然後父親在一旁安睡）（打死！）

　　那天我看到我像爆米花般的化妝棉盒（因為本來都好好躺在裡面，被他撕開後丟回去就像爆米花被爆開了啊），竟然覺得他豪可

愛而笑了，怎麼兒子做什麼都這麼可愛老公連呼吸都讓我煩心呢（這是我的問題吧）。看到他用<u>羅賴把</u>在拆桌子的<u>摸們</u>我默默退出了房間享受片刻寧靜，難得有事讓他專心而且又不是在看電視滑手機，這不是挺好的嗎？然後我突然想到有天我說吾兒偷抽面紙被我抓到的事，有人說她都讓孩子抽個過癮就算他要撕也讓他撕，那時我覺得天哪這不 OK 吧，現在則認為如果一盒面紙能換來一陣清閒那就讓面紙捨身取義好了，以後去加油都拿面紙把它們像金字塔一樣堆在兒子前面（倒也不用這樣），對母親來說這是<u>奪麼</u>難得的悠閒時光，沒當媽過的妳是不會懂的啊（拭淚）

　　總之能一整天認真帶小孩的人都是聖人哪，何況還是帶別人的，褓母這工作真是太值得尊敬了。想到家母帶大了四個小孩也實在偉大，難怪家裡這麼亂也是理所當然的啊（幹嘛說媽媽壞話）～

第二胎為什麼 ✦ 要照豬養

　　最近有個朋友剛生小孩，新手媽媽自然是非常緊張成天問東問西，比如小孩半夜為什麼會一直哭小孩幹嘛一直踢腿是不是哪不舒服？雖然在下也才剛生出第二隻不久，他一樣半夜哭亂踢腿有時給餵有時死不肯，但我一點也不在意原因，嫩嬰怎麼樣都豪好相處好迷人豪可愛啊（咕嘰咕嘰）。

　　回想長子剛出生時我也是這樣緊緊張張的，累了一整天好不容易孩子睡了我也不睡，都在滑手機看育兒資訊，孩子應該睡多久幾個月該翻身幾個月要長牙，沒按步就班我就憂心忡忡地想問醫生怎麼辦，現在想到以前的我都覺得十分可笑有什麼大不了，翻身實在不值得開心會站更是惱人。現在有媽媽朋友告訴我她的孩子會站了，我都會充滿同情地說妳保重，因為會站表示他有能力抓到更高的東喜，他會舉起腳來就從圍欄翻出來。他會想攀著任何東西往上爬，他會開始試圖拆房子啊啊啊啊啊（抱頭）。

　　但那也只是拆自己家沒什麼大不了，再長下去會開始擾鄰（點菸）。我的長子兩歲多時情緒激昂但口語表達不良，想幹嘛父母聽不懂時就會用大叫來宣洩，鄰居應該覺得我家很吵吧我跟鄰人道歉（一鞠躬）；愛叫就算了似夫進入大家口中的不要不要期，要不要吃飯不要要不要洗澡不要要不要睡覺不要，有時才講到「ㄟ你⋯⋯」就直接給我回不要，我還沒開口呢！是不是要用左手抓住右手不然就要腮蕊。

　　然後還會黏人，也許是弟弟出生又遇到退化期，都快十五公斤還成天黏著父母要抱不抱就跪在地上大哭，每天我都真心誠意地想甩他幾巴掌，要正手打過去再反手打回來可能才能解氣（想想而已大家不要報警抓我嘿）。

　　在家一直要拆房子什麼都不對，出去想幹嘛不讓他去又在地上打滾起來，回想起每天理應恬靜的早晨，我看著次子熟睡的小肥臉，耳中都是父親在罵人長子在哭吼，鄰居沒報警他們人真的很好（再鞠躬）。每個傍晚去接孩子放學還要提防他在路邊一個不爽就大叫，走到家門風平浪靜我都覺得今天安全下莊媽祖有保庇，我要去廟裡捐一根柱子酬神，因為通常有很大機率最後是他抱著我的一條腿一邊假哭，而我一跛一跛地走回家。此時人蔘的交響樂主唱是翁立友，我問天～我問天～我問天為什麼不小心受精了，生出這麼一個冤親債主啊。

　　難怪人家都說第二胎照豬養，我何嘗不想像頭胎釀付出愛和真心去和我的次子交陪，至少準時帶他去打預防針，但總是過了後才驚覺好像要打針耶，趕緊去翻兒童手冊確認，每次有人問我次子多重我都要想很久，最後把上次有記憶的數字加個一公斤充數。無奈另個有自己意見的小童真是太煩人，每個白天只要長子眼睛一睜開我就在想辦法收拾他，每天對他喊八百回「你不要去弄底迪」，而次子就被我們忘在某個角落，有時出門都差點要忘了帶他呢。我想

第二胎不是故意要當豬養，實在是相隔不久的第一胎是來索我老命的，只好對次子隨隨便便惹我也很無奈。

　　家有嫩嬰的朋友啊，不要抱怨嬰兒難帶了嬰兒真的超好搞，了不起晚上比較睡不穩那有什麼？不像大的要顧慮他的心情猜測他的心思準備他的吃食他一個不爽還跟你說不要不要，整天都在控制自己想摑他巴掌的情緒，真的超累的啊（槌肩）

　　寫到這想到多年前我外甥女貝貝還小時，家姊溫蒂常抱著她邊搖邊唱童謠，我覺得她好有愛心哦真是一代愛心媽馬，不管小孩多番她都這麼有耐心。有次稱讚她她說其實唱歌是為了穩定自己，不然真的會氣爆想給她摑下去，想想當父母真是不容易，要關心孩子侍候孩子還要忍住不施暴，做人真的要孝順爸媽才行啊（叮嚀）。

馬桶姐接 ✦
的由來

　　如果說結婚不是兩個人的事是兩家人的事，那育兒就不是兩家人的事，是左右鄰居三姑六婆公園裡的太太乃至捷運上的阿桑，她們都想插手管一下的事。長子兩歲八個月時，我覺得他好像該戒尿布了，更之前我有事沒事會問他要不要坐馬桶，但他不坐就算了我也沒很認眞，反正他就是個各項發展都慢別人一點的孩子，可他一旦開始通常進步得很神速，所以爲娘倒也沒太擔心，孩子有自己的進度嘛，總有他想坐的那天，我是這樣想的。

　　但我說過了，育兒不是寄己的事是全人類的事，我想沒用別人會問啊～當家姊說她的女兒一歲多就不包了我可以不放心上，畢竟她是她我是我，又不是每個人都一樣。當家母說這麼大了還包尿布我可以說妳管我，他長得帥就好（這兩者糾竟有何關聯，囊道彭于晏就可以現在還使用尿布嗎！）。但當家夫的媽馬也就是我婆婆，她說家裡差不多年齡的小孩現在也沒在包了，我下跪道歉我生他養他卻不會教育他，讓她兒子花錢買尿布是做太太的失德，戒尿布是我此刻人生唯一的中心德目了啊（握拳）。

　　於是我最近頻繁地問我兒要不要坐馬桶，而他總是斷然拒絕我，如果偶爾興起表達想坐馬桶之心，我立刻放下手中的事在炒菜也關了火把他送上去，放好後蹲在對面盯著他的雞雞看有沒有動靜，老身我好久沒有如此熱切地盯著誰的下邊兒瞧了呢（是不用分享這個）。有想過是不是有人看著他尿不出，所以我會假意在附近

晃實則繼續緊盯，像便衣刑警在盯著目標一樣。後來看了巧虎尿尿影片，巧虎在學尿尿時全家包括他的女性友人起琪，都在門口唱歌打氣，所以我也在門口大唱尿尿歌，這規格類似在幫尿尿舖紅毯這樣熱烈地歡迎吧是有沒有必要。唱歌不行我佐以吹口哨，人家不都說聽到口哨會想尿嗎；有時開點水讓他聽滴滴答答看會不會尿意湧現，但吾兒的尿很硬頸難不成是客家人，不出來就是不出來真是愁死娘了啊。

後來我家很常出現工程師在廁所洗次子、長子坐馬桶上我蹲在前面盯著他雞雞瞧，一家四口全擠在一個小廁所的景象。不得不說生男孩真的很麻煩，因為他有一些我沒有的東喜我不了解要怎麼教，為了揣摩雞雞的內心世界，我那天還問了老公你尿尿時有哪裡有用力嗎，或是想尿尿時哪裡會有什麼感覺，非常認真地在探討這件事。話說就算結了婚我覺得還是有些神祕面紗的，但生小孩後沒有紗了，我們連雞雞的心情都可以開研討會研究，而且紗全變成殺，因為爸爸明明有該物卻不好好教，讓一個沒有擁有只有使用過雞雞的人來教孩子運用雞雞這什麼道理。那天在房裡餵次子聽到兒子跟爸爸說他要坐馬桶，最後好像沒坐爸爸八成是叫他尿在尿布上，可惡，他想坐馬桶算是千載難逢怎能放過，爸爸就是愛便宜行事啊（殺～～～～）

以前長子想跟我進廁所我總是快閃進去把他關門外，任他在外

面叫破喉嚨我也不理。現在呢，我敞開我的心胸歡迎他跟進來，並且坐在馬桶上用高八度的聲調跟他講話。說到這，我以前看到幼幼臺姐接講話浮誇帶手勢還高八度我都想蕊死她棉，現在我跟姐接們道歉，因爲小孩真的吃這套，聲音就是要這樣小孩才更專心聽得進。但我平常不能啊我辦不到，只有爲了現階段人生目標我才能放開自己。也就是縮我遇到馬桶就起乩，常邊尿尿邊用幼幼台姐接的方式跟長子講話，內容類似「我是大人我都坐馬桶不包尿布哦」、「哇～坐馬桶好舒服哦」，我甩頭搖晃彷彿有看不見的微風在吹拂著我的髮梢，我的靈魂在草地滾動在沙灘奔跑，我盡情享受這一刻我在幹嘛捏我其實不過在放尿，有時我會唱著歌表達我有奪愉悅奪快活，想我一代網美爲何淪落至此，誰叫我是個媽馬啊（拭淚）。

從今天起你可以叫我宅女小紅，也可以叫我馬桶姐接我 ok。

我的教養心得 ✦

最近愈發覺得養孩子不是件容易的事，從嬰兒時期的作息不定，他半夜醒我也不能睡，到後來追著他跑要教他這個不行拿那個不要碰，接下來是阻止他往上爬往下跳，這個時期雖然可愛但真他媽難熬。好不容易略懂危險也聽得懂人話了，以為能溝通我出頭了嗎，不，隨即進入江湖人稱的不要不要期，問他什麼都是不好不要不可以，有時還沒說完呢，話題只到「你要不要…」馬上回不要，就是為反對而反對的意思，每天都要左手抓住右手苦苦壓抑它想去揍孩子的衝動，育兒就像打電動，破完一關又來一關哪（點菸）～可恨的是老娘在打育兒電動時老公在打真電動，要忍住不打孩子又要忍住不對老公射出菜刀，經營家庭之道沒別的，就是一個忍字啊（打坐飄浮空中）。

有天我寫說問小孩幹嘛他都不要不要，友人告訴我育兒專家說要給孩子選項，不給選就有要和不要可以選，而給出兩個他就會擇一，就沒有聽到不要的機會。拜託這個道理誰不知（翻白眼）你就是沒小孩的人，才會以為這題這麼好解，而育兒專家呢，就是他寄己的小孩好相處會聽話，所以覺得可以吧。一樣米養百樣人，哪有什麼一定有用的招呢四不四。

實不相瞞當年我也是會批評別人教養方式的那種臭三八（掩面），在路邊看到有人打罵小孩，就會想說這年頭還有人在揍小孩嗎，棒下又不會出孝子會打小孩的人人格基本上都有問題，要報

警（拿電話）。在餐廳看到有人拿平板給孩子看，就會想說 3C 褓母不可取，孩子眼都壞了不能陪他說說話玩一玩嗎？遇到哭鬧但父母不管的孩子我更火，我出門可不是為了聽你孩子屁配叫的，讓他在店裡擾人不應當，這種人不配當爸媽啊想射幹嘛不射在牆上（怒）！像我閒著沒事連孩子也沒有就看了很多育兒文章，兒童心理我略懂略懂，他要這樣我就那樣（哪樣啦），跟你們這些生他養他卻不教育他的人不一樣啊（斥責）。

　　如今我要跟他們道歉（鼎王式鞠躬），很多時候是不得已我已明瞭，專家的招式我用盡，但孩子一樣死活在路邊盧是常有的事，只能說那招對專家自己的孩子有效吧，對我老公的孩子（壞的時候要撇清關係）一點用也妹有。在外吃飯如果孩子死活一直要吵，給他玩具也不玩只想把食物往地上丟，不得不說此時 3C 褓母還真他媽有用，往前一擺小孩就呆了，把握這十幾二十分鐘我也能好好吃頓飯，那些攻擊我的路人啊（人家並沒有像以前的我那麼機歪吧），你可知道我有奪久沒有細嚼慢嚥了嗎，讓他吵你不開心給他看卡通又覺我失格，你到底要怎樣呢（搖肩膀）？

　　上次跟朋友聊天，她說她其實不能接受的是在外面放任孩子哭又不管的父母，我想了一下覺得雖然我也不喜歡，但有時是不得已，比如現在就算兩兒在後座大哭，我和工程師都能怡然地在前座聊天，想當年在這種密閉空間聽到孩兒哭我可是會焦慮不已的，但

現在我們耳朵長繭了啊，可怕的是有時孩子明明沒怎樣我會聽到哭聲（恐怖額～），孩子真正哭了我還不見得有感覺，就是馬路邊住久了也不覺車子吵的意思。

　　不過我想了一下關於不理這件事，說不定也是不得已的，因為友人是一歲小孩的媽，小小的哭常是改變了讓他哭的情況他就好了，但長大後的哭情緒更複雜，有時會哭在你完全沒想到的點上，像前幾天長子就因為自尊心受創而哭，你安慰他他會藉題發揮哭更大聲，你吼他當然是沒用，只有爸爸會覺得孩子哭時打罵能讓他停止，明明只會哭得更長久，這樣不行那樣也不是，好像不理他，讓他發現他的舞臺沒觀眾他自然會安靜下來。我想會不理小孩的父母，應該是抱著這樣的心情（吧）。

　　記得之前訪問專家，他說小孩哭鬧時你就跟著哭鬧得比他嚴重，小孩會一時驚呆忘了自己哭什麼就不哭了。雖然當下我翻了個白眼可有次走投無路時就實驗一下，結果不是我兒子，是婆婆的兒子驚呆了，想縮老婆是被孩子逼瘋了嗎。但吾兒完全沒有動搖地繼續哭，只能說幸好我沒錯信專家在外面這麼做，不然就讓整條街的人以為嘟丟肖ㄟ吧，可能還會想難怪這孩子這麼瘋，原來他媽更瘋。其實教育孩子哪有什麼專家呢，就像網美的穿搭，其實只是教氣質或身材跟她像的人吧，身材還好解決，氣質真的不容易，有的人穿小碎花好看有的人穿就是像阿桑，專家的方法成功只是針對自

己的孩子吧？而他對付別人的小孩成功，可能是因爲他不是親生父母啊，小孩最會對爸媽盧小了遇到外人有時乖得像個俗辣（我兒子啦），但我還是偶爾會看啦（那還說那麼多），只是試了發現沒用後，也只能怪寄己生了一個討債鬼不然怎麼辦呢（兩手一攤）。

　　總之那些道理我都懂，專家的話我也有在聽，但孩子配不配合完全要看他當天的心情，今天有用明天未必有用，這就是育兒的人蔘哪（輕吐菸圈）。父母們就不要失意了，你孩子皮是吧告訴你我孩子耳朵更硬，冷的時候就是要拿別人的血取暖，不要再去看教養成功案例了，只是傷了寄己啊（安捏干丟）。

人蔘 KT 威之 ✦
夢醒時分

　　吾兒有段時間有個壞毛病，就是他想要什麼就會一直說，比如他想吃麵包就會說麵包麵包麵包麵包麵包，想看巧虎就會說巧虎巧虎巧虎巧虎巧虎無限循環，倒是沒有大吵大鬧，是用一個很平靜的語氣不停重覆著，類似人家在唸南無阿彌陀佛一樣 repeat 兩百遍，我在想阿彌陀佛本人會不會對天吶喊你有完沒完，這樣一直唸真的很煩啊！！

　　有天我們在車上，兒子又在唸經似地說著音樂音樂音樂音樂，我回頭嚴厲地告訴他你說一次我就知道了，不用講那麼多次，我們已經在找音樂了，以後講一次就好，說完有如甩了寄己一巴掌，真的講一次就好嗎（沉思）。時間回到半小時前（跳一下）有兩個嬰童的家庭自然知道出門像打仗，尿布紙巾手帕玩具，不能吃飯的要準備他的食物能外食的要帶餐具，這些是還好，最怕趕時間要出門時這個哭餓那個又拉屎，育兒生活就是 100 種崩潰啊（給我菸）。

　　那天我趁著父子三人都在睡的摸們準備好一切，還擬好作戰計畫，打算一邊把爸爸叫起來讓他換衣服準備出門一邊親餵次子，在餵奶時慢慢地把長子吵起床，他起完床發完呆叫他去找把拔換衣服，外出服準備好了父親只要穿上就好，一切就是這麼完美啊！

　　第一步有完成，我一邊掏出一隻奶一邊把父親挖起床叫他換衣出門，餵完次子收起奶來走出房門我發現長子還是只著尿布和睡衣

在發呆，爸爸則是穿著內衣褲在吃蛋糕玩電腦遊戲，我第一反應是我指令沒下錯吧，剛是叫他換衣服出門不是叫他清冰箱吧？婚姻生活總是讓人感到萬分沮喪甚至開始懷疑人蔘啊（吟唱）

我說不是叫你換衣服準備出門嗎，那廝回答「我換衣服很快」，我說那就快去換啊！！順便把嬰兒提籃裝上，快！我安置好小兒後看到提籃裝上了但父親依舊內衣褲打扮坐在電腦前，好吧育兒生活的 100 種崩潰有 98 種是在育婆婆的兒，別人的兒子太難教，老公這種生物難道不能一次接收兩個指令嗎？我微怒吼說，「你，去幫底迪換個尿布放上車準備出門了！」等我幫長子穿好衣服鞋子咦怎麼門口是空的，走到房間發現父親穿著內褲抱著次子坐在搖椅上，呈現出一個溫馨天倫樂的景象他還在搖著呢！但是，我們不是要出門了嗎我的指令不夠清楚嗎，準備出門準備出門準備出門！我說了幾次爲什麼還是能穿著內褲如此悠閒，配偶欄實在太神祕了他來自外太空吧。

古有云言教不如身教，我要拿什麼告訴小兒講一次就好，有的人（還不就老公）講一次根本不會好，要像唸經一樣重覆無數次，必要時還要拿出榔頭當他是木魚般地敲啊（這樣的身教好嗎）。兒子要是再長大些，問我馬麻妳自己還不是一直講一直講一直講我要怎麼辦？只能告訴他兒子啊有些事情你現在ㄅㄨ比溫～有些人你永遠不～逼～伊等（嘟嚕嚕嚕嘟嚕嚕嚕嘟嗚嗚嗚嗚～嗚嗚嗚）。

2
育兒路上的絆腳石

● ● ○ ○

一件事要講九遍ㄟ

還會來嫌我囉唆 叫我安靜點

從前什麼都回 現在還跟我揮

錢只給一點顛不飽還跟我靠杯

於是講了第十遍ㄟ

終於放下手機看了我一眼

能心中虧欠。八成對手下線

終於放心了原來他聽得見

歡迎收看

老公與小龐的故事

有天我去洗澡前交待老公去丟個垃圾，因為資源回收箱裡有個蛋糕盒，跟食物有關的垃圾在家多放一天我就會芒刺在背渾身不舒服，所以特別跟他說了兩次記得要丟回收物，他回我好我才安心去洗澡。

洗澡出來他當然沒去丟啊，維持著一樣的姿勢攤在沙發滑手機，老公在家就是臥佛動也不動；而我要去睡了但相當不安，完全覺得老娘要是沒能盯著看他把東西拿去丟，那一定會丟三辣四這是什麼呢這就是老公。可我又不敢再說一次因為他會不耐煩，於是我在廚房東摸西摸假裝在做自己的事實則盯著他，一定要看他把垃圾和回收箱的東西都拿出家門我才安心，一邊偷瞄他一邊覺得好像警匪片哦，我是便衣正在盯犯人只差沒啃甜甜圈了，王子和公主結婚後不是應該幸福快樂嗎，為什麼要過著警察抓嫌犯的日子呢。

最後跟監任務當然失敗了，因為他專注在手機的世界完全沒有要動的意思，我禮貌性地問他要不要丟個垃圾，那廝頭都沒抬跟我說他會丟，我只好再說一次我的訴求，其實也只有一個，就是記得要處理回收箱哦，然後懷抱著不安去睡覺。隔天一早我牙還沒刷呢就先去檢查，垃

圾是沒了但回收箱是滿的，果然，這就是叫老公去做超過一件事時的風險，因為他的腦子裡裝不下老婆交待的第二件事啊（是老婆，別人交待的他記的可牢著呢）

話說每次我要指派老公去做類似東市買駿馬西市買鞍韉這類的事時（我花木蘭逆），比如先去 costco 買個藥再回舊家去拿信，最後去哪裡辦件什麼事兒，一路上我就要一直打電話提醒他，不然就極有可能少做一件。本來以為這是溫尢的症頭我不能一竿子打翻一船尢，結果有次友人要交待先省來跟我拿東西，大概前一個禮拜她就開始焦慮一直反覆跟我蕊內容，不就是到我家樓下取個件嗎，但她深怕丈夫辦不好這件事，要雙向提醒免得造成遺憾。最後她說要是她有空實在很想自己來，但老公要成長我們要學習放手，說得好像教孩子一樣，之前不是有個日本綜藝，是爸媽交待小朋友去買東西那個，都要重覆叮嚀八百遍，小朋友還會走到一半就忘了超可愛的。但為什麼交待老公跟交待五歲小兒一樣讓人覺得提心吊膽呢？而吊膽的原因不是怕他們辦不好，而是稚兒辦不好至少還會覺得可愛又可笑，婆婆的兒辦不好只會覺得可怕，深怕自己會不小心射出飛刀，這能不吊著膽嗎我好久

都沒看到我的膽了因為它被吊到太高了啊（最好以前有看過啦）。

那這跟小龐有什麼關係隨是小龐呢？是說有個日本綜藝叫《狗狗猩猩大冒險》大家有看過嗎，裡面有隻猩猩叫小龐牠養了一隻狗，想想真是很不合理，猩猩你自己都是寵物了幹嘛還要養寵物，跟米老鼠養了隻布魯托一樣充滿疑點。但這不是重點重點是每集小龐都會被交付一個任務，可能是去買個東西可能是去送個包裹，然後主持人會在後面跟蹤他，就像叫老公去幹嘛我就得要一直電話確認那樣；不同點是小龐每次都能完成任務，就算牠在半路有時會失神一下，但最終總會達成目標，可老公呢？

我不想下結論了，拿老公跟猩猩比贏了不會光彩輸了更是心酸，此刻頭不抬起來我淚水就會滑落的啊。

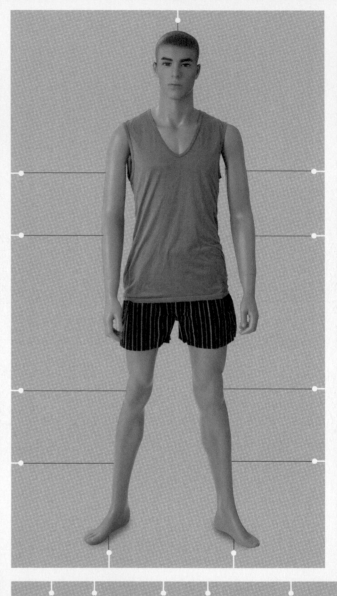

HUSBAND

PLANET

老公構造大公開

全球主婦科學協會近日發表的研究報告指出，老公這種生物除了腦部結構異於常人，全世界不論種族、年齡的老公們在身體構造上皆有著驚人的相似特徵，令人不禁懷疑老公皆為複製人全面進攻的可能性，請看本刊的綜合報導。

CHANNEL

大腦（n.）

看起來是一個正常人類，但大腦一回家就呈現休眠模式。腦門旁掛著的兩個耳朵疑為裝飾品，老婆的交待事後都一副沒聽過的樣子。值得注意的是別人說什麼他都有聽哦，這也是老公此一生物最讓人費疑猜的部分。

陰囊（n.）

主要功用為調節睪丸溫度，因其脆弱不堪可以說是男性要害，平時總是深藏不露常被戲稱是溫室裡的睪丸。其實睪丸有靈它拒當溫室裡的花，總會偷偷從老公鬆垮的內褲腿邊探頭出來跟人打招呼。證明在其軟爛的外表下，其實是個有為青年。

小腿（n.）

老公的小腿的部分通常會日漸消瘦，因為婚結越久躺著的時間會漸漸拉長，長此以往造成肌肉萎縮，促使老公變成一回家後不但沒生產力，腿竟然還比太太細緻的可憎生物。

手機（n.）

此配件是老公身體的一部分，萬不得已不會離身，一連線即被攝入魂魄，呈現無魂有體親像稻草人之狀態。外出沒電時老公會出現焦躁、不安、沮喪、無助，甚或自我否定等生理反應。

綜合報導 = 國際老公調查委員會

跟逮丸ㄟ爸爸 ✦
學優雅

　　自懷孕起我就收到很多育兒書籍，像有本《百歲醫師的育兒寶典》，我熟讀了睡眠篇並將之發揚光大，雖然縮照書養是件讓老手媽媽不齒的事，但不可否認書裡有些方法還真的挺受用，我長子就用上面的方法未滿月就睡過夜，讓我開始覺得照書有它的道理在啊人不應該排斥看書養小孩。於是我認真地看每一篇網路上的教養文，想到以前常看到媽媽友人在轉貼那種東西，老實說我都會翻個白眼，想說我們也沒被這樣養還不是長大了心理也沒不健全；現在我跟友人們道歉因為我也會看，就是想學習怎樣帶小孩咩。

　　其實有類最吸引我注意，就是如何養出自立自強的嬰兒，比如跟法國媽媽學優雅之類，內容多是說法國人怎樣又怎樣（到底是怎樣），所以他們的小孩不是家裡的王以及餐廳裡的討厭鬼，小小年紀就可以自主進食不用父母強灌，出去吃飯也能安安靜靜地等待不會尖叫跑給大人追。是說本人年輕時候最討厭餐廳裡吵鬧的小孩了，這輩子瞪出去的眼光不算少，為了怕這些白眼報應回自己身上，我一定要格外地注意才行呀。網路上也有很多部落客會分享自身教小孩經驗，她們好像都生了小孩照樣光鮮亮麗身材曼妙，可以攜子出去和姐妹淘喝下午茶孩子也不吵，所以她們的話是不是太有參考價值了呢？

　　於是生完長子我開始學習，比如要跟他講道理哭了不要馬上抱，所以每天早上我家都有一哭泣尖叫的小兒和在旁邊講道理的絕

望主婦。但其實我說什麼都沒用他一樣叫得聲嘶力竭，叫到我都覺得鄰居會去報警附近房價即將下跌我根本打房高手，用講的一點用也妹有啊（兩手一攤）。或是不要餵就當個懶惰的母親，孩子餓了自己就會吃了媽媽就輕鬆鳥。結果呢，就是食物一直被丟在地上他餓了就大哭沒在客氣的，我能讓他一直哭嗎鄰居又要報警了吧，萬不得已只好動手餵，然後想著那些教養文的作者是運氣好生到乖孩子吧，那道理一點也不適用我家的小瘋子啊。

生完兩個的我更參透了小孩好不好帶是天命以及他自己個性的問題，哪可能用一樣教法教出來的小孩都會一樣呢。而且我其實覺得寫教養書的人多是生女兒，女兒好像真的比男生好帶一些，我姊的女兒貝貝小時候，我看到她早上自己醒來了，就坐在媽媽的枕頭旁邊用小手玩標籤，那時我覺得天哪真是太可愛了吧，生個小孩好像是很溫馨的一件事。雖罵才知我實在天真，那真的是個性問題，我兒早上醒來就會在我的臉上爬來爬去戳我的眼睛拔我的手錶，我為了不想被戳眼會用手遮著防他，他就會覺得我在跟他玩亢奮加三級，把我的手撥開繼續戳我眼睛。

戳瞎我後他還是不肯放過我，每個早上我在擠奶他就會坐在一旁大叫，不是說讓他習慣等待就會乖嗎，並沒有哦給他玩具就丟地上繼續大叫，鄰居一定很討厭我吧，出去吃飯也會覺得我變成以前我最討厭的那種人了因為吾兒好吵啊。我本來就急性子現在更是

吃飯快走路快每次出門只想快速地解決這一切，可是生父總是慢吞吞，所以我都會說我來推車，吃飯時搶過荣單來快速點東西一上三口併做兩口吃，優雅以前就不多了現在它離我更遠，當媽到底要如何優雅呢芸芸妳說啊妳說啊（備齊佣人褓母就好啊）（自問自答）。

回想起某天早上我在擠奶整個人正被真空吸引中，因爲坐在樓梯旁怕兒子來找我滾下來，有放一個柵欄圍住不讓他來。那陣子長子分離焦慮嚴重，就像坐牢的人一樣雙手握住欄杆趴在地上大哭大叫，可我還在被吸啊此時分神會魂飛魄散的（是鬼片吧）實在不方便去擁他入懷中。看到這觀眾是否有個疑問，就是**爸爸去哪兒**？是的，太太不方便抽身兒子天崩地裂的同時父親本人是在家的，他就在一旁安逸地煮咖啡還一邊切著橙，用一個會享受生活的中年男子，簡單的說就是阿部寬的嘴臉，跟我說早上起來就是要吃橙，房裡還要有咖啡香這才是人生。

然後我突然悟到了什麼，我想法國媽媽很可能是耳朵長繭了所以才能這麼優雅吧，其實優雅就在你我心中跟小孩乖不乖無關，只要你聽而不聞就能這麼優雅。就像我那慢慢地切出水果盤，切完翹著小指在喝咖灰的老公一樣，搞不好那些人和法國人的小孩根本一直大叫而她們不理，所以都能好好吃頓飯喝下午茶吧，一定是這樣的啦（愛抹黑）。

論殺夫的
正當性

有天晚上有事回家晚了點兒，要讓老公一個人對付孩子我心中充滿愧疚，辦完事帶著歉意手刀衝回家，但一打開門歉意立刻蕩然無存只剩下滿滿的殺機，為什麼呢，因為我看到老公讓兒子坐在他的懷裡，父子倆正一同在看電視其快樂無比，可我的家規就是小孩不准看電視啊！

我發現小孩會對聲光效果很著迷，電視只要一開就會直勾勾地盯著瞧，但他現在還小水晶體很很脆弱啊（這我亂猜的），怎麼能受到 3C 用品的殘害。當然生活中這種接觸是不可避免的，偶爾不小心看一下是無所謂，可這名父親是抱著兒子坐在電視前，這叫我怎能不生氣。不要以為我沒說哦，這事我已跟他講過千百回，之前他帶著兒子看電影，我說不要看這些東西他以為因為電影為限制級，然後白目地跟我說他看不懂沒關係吧，我說不是這個問題是孩子就是不宜看電視啊！他說好他知道了我以為已達成共識此事畫下句點，孰料不久後的有天我發現他又帶著兒子在看電視，我怒不可遏說不是跟你說不准看嗎，那廝竟然給我吼回來，說連看Discovery 也不行嗎，各位評評理我說得不夠明確嗎，教老公到底要教到什麼程度他才能聽懂呢。

當然我又教育了他一回我在意的不是內容，而是我就是不要讓孩子看電視這個東西，世上有很多東西可以探索，真沒必要讓小孩養成盯著電視的習慣。結果呢，開頭就說了，又被我抓到他帶著兒

子看電視，叫為娘的怎麼不生氣，就說不可以看不可以看了啊！這次他的理由是我是想放音樂給孩子聽，是啦電視上在播的是 MV 沒有錯，但一樣有畫面電視裡一樣有東西在動啊，難道非得要說電影新聞綜藝節目音樂錄影帶電視購物以及棒球全都不能看，他最後會放《女人要有錢》說這是在估價連估價也不能看嗎，其實我不生氣了我比較想哭，嗚嗚教育老公實在讓人太灰心了，別人的兒子為什麼就這麼難教。但也沒辦划嫁了都嫁了孩子也生了，根據我側面的了解，換一個老公結局也差不多，（大多數）老公根本是複製人全面進攻，改嫁不能解決問題生命可以找到出口，改變不了老公是正常妳要改變的是自己的心，婚姻就是一場修練啊（敲木魚）

是說結婚幾年了本以為我早已看開一切，比如後來我再看到橘子拿完遺留在原地的空塑膠袋、用完到處放的杯子碗筷、空無一人卻燈火通明的房間，以及沒人在看也不肯關的電視，只會輕嘆一聲然後去善後。但有了孩子後一切不同薹，因為他的不小心可能會害孩子陷入險境的啊啊啊～而且我發現產子前我只是偶爾想拿東西敲他的後腦，產子後我常想著殺夫必須合法化（！）

本來對自己的這個念頭相當地不安的，直到某天看到一個新聞說安潔麗娜裘莉自編自製自導自演《海邊》，找小布合體演出也擔任監製，由於電影故事圍繞婚姻危機，也讓外界開始聯想裘莉與小布的關係發生問題，裘莉坦言：「妳可能會想殺死那個妳瘋狂愛著

的人！」還說兩個人的關係是許多極端的集合，言下之意她也曾動念殺了布萊德彼特。

　　看到那篇新聞我好感動，根本覺得這是裘莉來幫我按個讚啊（並沒有），原來偶爾想殺夫是合理的（才不是），原來起殺機的太太是不分國籍的啊（夠了！）。也有此念頭的太太不要再自苦了，畢竟身為天菜萬人迷有財又有帥的布萊德彼特，竟然他的太太有時也想對他下毒手；世間老公也請看開些吧，你有什麼比布萊德值得活下來的地方嗎，沒有，所以太太三不五時對你起了殺機也是正常的，不要放在心上，活過每一天感恩每一天就好了啊。

　　但這是數年前的事了，現在裘布兩人已離婚，一時不知該恭禧還惋惜，只好祝他們福如東海惹（最好他們看得到）。

猜不透的 ✦ 男人心

　　那天看到一個新聞大標是「白目爸這樣顧孩子」，看到我立馬點進去想看看有多白目，干有我老公白目，要不要約出來比一下白目我那口子可不一定會輸哦。看完後我覺得這太白了可能無人能敵，正確來說已非白目這麼簡單，簡直應該拖出去斬了，因爲該名父親覺得四歲小孩自己會保護自己，所以平常落地窗也不關就讓小孩在五樓玩，甚至還放小孩一個人在房間自己洗澡去，雖然說他有告誡小孩不能靠近窗子很危險，也觀察過女兒還真的不會靠近，但這種情形在同是媽媽的我看來還是心驚肉跳啊～

　　果然小孩的娘也非常生氣，孩子的爹覺得那是他的教養方式，太太卻始終不能苟同無法溝通，於是他上網抱怨老婆大驚小怪緊張兮兮。當然最後被砲轟的是他，因爲這真的很危險不怕一萬只怕萬一啊，不過想想我兒的爹也做過類似發言，只是情節沒那麼重大。話說在長子剛學會翻身爬行時，生父常把他一個人放在大床上，幾次告誡他說萬萬不可他可能會滾下床，他都說不會啦小孩沒那麼笨他知道會痛，我心想小孩哪裡知道什麼痛，你這麼大年紀了都還不知道你的老婆現在在你後面她看起來很生氣，小孩哪裡知道痛！

　　果然，有天在他管轄時小孩頭著地掉下床，爲此他擔心了一陣子，整個人表現得很脆弱，兒子一發出聲音他就要衝過去看攬入懷中，我故作輕鬆說沒事啦他大了摔一下不會怎樣他還生我的氣，我心想我這是爲了讓你安心耶，一時失察讓他栽下來的是你不是我啊

氣個屁！同時也慶幸在沒造成更大傷害前他已知道自己錯，以後皮會繃很緊吧。結果呢，不出兩個禮拜有天他爽朗地宣布兒子有靈性會怕了可以放他一個人在床上了，我心想你他媽都活到四十依舊沒什麼靈性，怎麼會覺得一歲小兒懂危險呢（戳太陽穴），你要再放小孩一個人在大床上，哪天再滾下來我下半輩子只好致力推動殺夫合法化，可能還會發動凱道遊行吧各路太太記得來嘿。

　　爸爸帶孩子有些事我實在不明白，之前長子應該是在長牙的關係，或是小孩就是有看到什麼都想咬的階段，可每次他一拿起什麼在咬，父親就會宣布他餓了開始找東西給小孩吃，幾次跟他說小孩就是牙齦癢跟餓無關他不信耳朵真的很硬，但小孩不就是愛把東西放嘴巴嗎。有次我在上班老公急忙打來問我某雙沒開過的鞋子可以打開來給兒子穿嗎，我說是可以但是那太小吧應該穿不下，他說不管了先開吧，他一直拿著好像很想穿的樣子，天哪小孩拿手機不是想打電話拿選臺器不是想看《新聞龍捲風》拿車鑰匙不是想開車，他就是手廢看到什麼都想拿而已，怎麼會解讀為他想穿鞋呢？

　　好吧回到開頭新聞（跳一下），我想父親並不是對孩子不上心不關心小孩，是男人心裡在想什麼根本成謎，對情況誤判也是常有的事。世人常說女人心海底針，其實男人心才是我等怎麼猜都猜不透的，可怕的是，一旦摸透了他的心可能更傷心，這是什麼呢這就是婚姻（警世）。

家是一條 ✦
生產線

　　有天網友寄給我一個報導，是日本一位女性漫畫家畫的，關於老公做家事的故事，內容為她要去洗澡了請在看電視的老公幫忙洗個碗，等她洗完澡出來碗盤沒動老公還是在看電視，一點也沒有要起來的意思，等她受不了決定自己洗時老公趕忙跑來說不用啦妳先休息，結論是老公只想展現會幫忙的體貼的一面，可完全沒有顧到時間及效率問題，看得我老淚縱橫對著電腦說妳說得沒錯沒錯啊。

　　是的我老公也是這樣的人，叫他做事不會不做但要等很久，完全沒想到家是一條生產線，你洗完碗我才能整理廚餘洗抹布打亮流理臺，做完這一切我才有閒情逸致去洗澡休息，而你就在那滑手機玩遊戲讓家中的一切都停擺，叫人怎麼不火大。於是我十分鐘後再說一次去洗碗該男子會說好的，再過十分鐘再報時一次他會說我知道，又隔十分鐘碗還在那世界是靜止的只有他操作手遊的食指在動，無聲的家裡突然聽到「啪」的一聲是什麼聲音呢？我找了半天哦哦哦原來四我筋斷掉的聲音，此時要是再叫他去洗他會不耐煩的說我知道我知道，口氣充滿不悅好像我有多囉唆。

　　說到這，男人總嫌婚後女人像老媽子碎碎唸碎碎唸，對，我知道我很煩我也很討厭這樣碎唸的忘己，但有頭髮誰想做禿子，你可想過要是我說一次你就做到我幹嘛說第二三四五六七八次，明明是你們講不聽多說兩遍就變我的錯，這世上還有天理嗎（左手背拍右手心）？若然我沉不住氣走進廚房打開水龍頭，他會衝過來說妳放

著啊我又沒說不洗，心情好時會有新好男人嘴臉，彷彿他有多體貼見不得太太忙；心情不好時還會有一種妳是在急個屁的態度，我人生都因此延後了半個小時以上了我還有別的事要做我真的急啊！！

　　還有一點我一直無解，就是事情交錯著做會死嗎？先說一下我家的生態好了，九點二子都睡後老公會開始吃飯洗奶瓶等十點倒垃圾，對我來說九點到十點是很充裕的時間，對一個生了兩個孩紫的媽馬來說，我可以穿好裝備熱好一臺火箭上太空了吧（最好是）。但他如果在等飯吃他就不能洗奶瓶，中間的空檔只能看美劇，飯來了他還是不能邊吃邊看，會放在那還是盯著美劇。我不知道他的訴求是什麼，重點是那戲他根本看過是重看第八遍吧，眼看倒垃圾時間快到我會說你要不要趕快吃，他才會動作哦，更氣人的是有時還會嫌我飯沒先備好他餓死了，明明端上他也不會馬上吃啊（怒）。

　　吃完飯要去倒垃圾，在等車來的時間他要繼續看電視不能做別的事，終於回來後洗個手又到電腦前混個一下，此時我要提醒他說記得洗奶瓶哦，他會一副這還要妳說的嘴臉說我正要去洗啊。到了廚房先滑手機找出他想看的影片，大多為爐石戰記教學影片，放好才能開始洗奶瓶，此時看看時間已經十點半了，等他慢慢摸完洗完開始消毒約莫十一點，消完毒要十二點啊你可能說這又如何？這個問題在於我的擠奶器在裡邊兒我要擠奶啊，我的人生就被卡在那了煩不煩？

但家庭工作要分配，我認爲不能輕易放過老公爽到他就是艱苦到我，免得有天我以阿信的姿態控訴婚姻時人家也只會說我慣老公，自己養出太太寶要怪誰。女人啊千萬不要覺得我可以我來做這是女人該做的我無怨無尤，有天他出了什麼事比如跟總機搞上了，妳在夜深人靜時想說我爲你付出這麼多幫你打理好家裡手都粗了人也老了結果你去上總機了，這時想著想著可能會去買碳來燒，所以我們不要活成這樣，家務分配很正常不要自責好嗎？該做的叫他做，有天他去上總機時（總機何辜）雖然一樣氣但怨念會少一點吧。

不過現在我又常自己洗奶瓶了因爲我實在無法等，每個晚上我站在奶瓶消毒鍋旁等它好急著拿出來還燙到奶，不如自己早早洗好算了指望著你啊我不如訓練一隻猩猩。可我只要一開始洗他就會衝進來說幹嘛洗讓我來啊，就像那天兒子拉屎了他在廁所，我說孩子大便了快出來，我要進去幫他洗屁股，那廝說好，然後五分鐘十分鐘十五分鐘過去了，之間我催他都說好但完全沒動作，我生氣他就會說他在大便啊騙人沒大過便哦，需要那麼久嗎裡面還沒噗通聲呢（我幹嘛貼在門上），明明就是在等對手下線啊。等我火大一直想著尿布裡的事越想越不悅想說乾脆用擦的時，他又急忙衝出來說我來洗我來洗你這人是煩不煩，孩子的屎都和屁股黏在一塊兒而且我又上一趟太空了，效率兩個字你會寫嗎！

會的他其實會的，因爲以上是一篇專欄文，此文在報紙刊登後

那幾天工程師變成一位精實的小哥，孩子一睡就自動去洗奶瓶，看到我還會說「**我知道，家是一條生產線**」，他懂事了啊（熱淚）。但好花不常開好景不常在何日我的如意郎君會再回來啊（不會der），精實了不到兩禮拜他就又開始拖拖拉拉了。到底為什麼人生有空檔就一定要打開看過千百遍的美劇呢？如今我只好把此文收在書裡，看看能不能再享受兩個禮拜擁有精實老公的日子。

　　唉，別人的兒子就是很難教，教會了也莫得意因為他會秒退化。但寫出這些是想罵老公嗎，不是的，只是告訴電視機前的胎胎們我老公是這樣的，有位日本漫畫家的老公也是這樣的，可見有八十剖限的老公都是這樣的（這算式怎麼來的），所以妳老公也是嗎，就看開一點吧，休了這個下個八成也是這副死德性，當太太的只能看開啊（摟）。

爸爸來自火星 ✦
媽媽來自金星

　　曾經目睹了一件小事讓我念念不忘，大意是友人夫妻分頭到褓母家，騎著機車的先省是要送東西過去，坐捷運的太太是要把孩子揹回家。先生送完東西留著想縮反正還有一頂安全帽嘛，不如問問老婆要不要一起走呀，孰料太太一來就說你怎麼還不去吃飯？當下把想要共享天倫，或至少回味一下妳前胸貼我後背戀愛時光的老公轟走。好啦我也不確定先省是不是想要回味太太的奶貼在自己背上的甜蜜過往（又知道人家平常沒貼惹），但看到別人想到痣己，我的尢也常會莫名回憶起往日情懷，完全忘了家裡還有小孩要顧啊。

　　以前例來說，可以理解做媽媽的完全不放心才兩個月大脖子還軟溜軟溜的孩子，在摩托車上一路顛半個小時的心情，並且會進而惱火為什麼老公不在意吧？但我覺得男人就是天生沒有內建爸爸模式，跟我們女人差很多，或許是孩子是在我們肚子裡發芽的，總覺得女人懷孕後就有媽媽自覺了，但也可能是外子太無感啦，像我懷胎七月個時明明肚子拿模大一顆，他還是常拿著酒說這味道不錯要不要嚐一口，誘迫孕婦飲酒這種人應該要報警處理的啊。

　　好吧可能是我以前就胖我肚子大他還是當我是胖，算了，生完後家裡多一個小嬰兒成天哇哇叫他總該有點反應了吧，可我老公的爸爸自覺還是少之又少（還是這是他個人的問題）。比方說他偶爾會說好久沒去陽明山看夜景了哦，婚前還常去呢（屁啦把上手後到底去過幾次！），要不要上山回味一下啊（一邊撫摸我大腿）。

所以孩子呢？要把睡著的小孩一起帶去，回家搬下車時他不小心醒了，然後半夜不睡要找人玩，而你去呼呼大睡讓老娘來顧嗎（瞪）？或是偶爾提說什麼去泡溫泉吧去看電影吧晚上去某店喝個小酒一起去吃飯店早餐吧。我問他那小孩怎麼辦？他還能很自然地說小孩在睡啊，也就是縮他覺得小孩睡了就能把他一個人放在家裡嗎，這樣是犯法的你不知道嗎！警察啊就是這個人快把他抓走啊（指）。

　　說出這些事沒小孩的人想必覺得我大驚小怪吧，但沒孩子的人真的不懂我們的世界啊，老是會說一些怎麼這麼難約，約去哪都不行要配合你時間配合你地點，這就算了約上了還要一直等因為你遲到，但真的沒辦劃，媽媽的世界就是醬啊（兩手一攤）。帶小孩出門連店家都要精挑細選，時間卡在他午睡時我不能去太擠的不能去太安靜的我也不敢去，事實上我還會想一下菜色，比如我要坐得久的話，要挑前菜有麵包的餐廳，一坐下先拿出玩具，再讓他自己花時間啃一下麵包，再來我餵他吃點東西，他再開始扭來扭去時開個影片控制他，媽馬才能完整的約完一個會。

　　還有些人會說出來嘛我們幫妳帶小孩，但到底有幾個能勝任帶小孩任務我懷疑，多半小孩開始歡顛他們也覺得丟臉，都想把他推到垃圾筒裡蓋起來了吧，可能還覺得我不會教小孩之類，殊不知我自己更想把他丟進去啊！與其這樣乾脆就不出門算了，沒小孩的人不懂我們就像白天不懂夜的黑。可畢竟那是朋友又無子，不懂實屬

正常，而捐精者怎麼說也是生父啊，他也不懂那就是欠殺。

到底為什麼溫尢老是忘記家裡有孩子呢，重點是有孩子後他還比之前更想要約會是怎樣，結婚後產子前也沒見你這麼充滿往日情懷過。我在想產子後媽媽難免會一團亂，本來只要照顧一個假失能者（對，我就是在說大部分的惱公），等到來了個真的無行為能力的，加上拿模的可愛會讓人母性大噴發，全心全意放在小孩身上疏於照顧老公也是人之常情的吧？而男人就是這樣，婚後老婆渴望婚前的戀愛感，可他沒差啊都娶回家了難道還怕妳跑了嗎，所以開始懶散開始擺爛，婚前的如意郎君婚後常變做沙發上電視前的一顆馬鈴薯君，等太太心思都放小孩身上時發現咦老婆怎麼不理他了，然後才回味起以前明明不是這樣的，老婆我要重回往日時光，然後就開始惹老婆厭了啊。

到底是只有工程師這樣還是很多爸爸都這樣呢，我做了市場調查（其實不就是問了兩三個朋友）才發現這不只是他的問題，似夫很多爸爸（也不就兩三個）都是醬的（就兩三個！）。但瑞凡啊（瑞凡在哪啦），有了孩子真的很難回去了呀～重點是你寄己婚後就變了，我們可是生了小孩後才變的啊。總之一句話，還沒生的快珍惜兩人世界，當父母後你就會知道兩人世界奪可貴；而生出來的就請認份吧，要知道蹦出孩子後很難再像以前一樣了，不要掙扎了認真養孩子吧（拍肩）。

男人的聽力 ✦

　　之前看了一篇文章，主旨是在告訴大家兒子不聽話實屬正常媽媽不用太生氣，因為男孩天生聽不太到「人的聲音」，這是有研究報告的好像，因為他們對聽覺的專注力不夠，所以媽媽老是要對兒子大吼大叫兒子也不聽，難怪每次我叫兒子收玩具要叫半小時他才會動，這就是有雞雞的人的天生原罪我要原諒他嗎（收起棍子）。

　　其實我是不會用棍子打小孩的（請注意「用棍子」三個字的情緒，也就是縮我會用手打），但我老公會，有天我在房間餵次子喝奶，就眼睜睜著看著老公叫長子去洗澡，叫了個老半天長子一直在床上耍賴不去，老公火大怒吼到最後拿出棍子，終於兒子肯就範了，其實是爸爸大罵兒子痛哭，吵吵鬧鬧地進了浴室，幸好最後洗到還發出銀鈴般的笑聲，應該是合好了吧。以為事件終於結束了嗎，並沒有，最後長子因為玩水玩太開心不肯出來，爸爸先講後婉言相勸接著用叫的再用吼的，最後終於又要動用棍子，兒子還是不願出來，從不肯洗到洗到不肯出來，只能說兩歲孩子的心我不懂，還是男孩子真的聽不太到人說話呢。

　　再吵鬧終有睡著的時候，孩子一睡就是天使對他的怒氣完全煙消雲散，但這是母親，父親還在唸他剛不聽話的事並且越講越火，我說你先去洗奶瓶吧。收拾片刻走出去一看他在看電視，我說奶瓶洗了嗎他說他在吃東西等等，然後我就像一個跟監中的便衣刑警，看起來在做自己的事但一直在偷偷盯著他。終於東西吃完了該去洗

奶瓶了吧，我默默地監視了五分鐘他都沒有動作，忍不住問他你要不要去洗奶瓶，他用一個不耐煩的聲音回我：「我吃完東西不能休息一下嗎！」還給我發火咧，踏馬的我懷胎二十月下面裂兩回生了兩個孩子都跟你姓，逢年回你家清明掃你家墓，馬上洗個奶瓶是要你命嗎！不是幫我洗，是幫你寄己的兒子洗啊（機關槍掃射）！

好了即便我腦中的機關槍掃到彈盡援絕最後在他身上綁滿炸彈引爆了，對了我不會用定時的，因為定時的不盯好他一定會逃掉電影都馬這樣演，老公跟雞排一樣都要現炸才行（我在說什麼），但太太最大的本事就是心中充滿小劇場可外表不動聲色，我繼續一邊工作一邊盯著他看他什麼時候才要去洗。最後我發現如果他是一首歌，他會唱著「單雞咧捏～勾單雞咧捏～」（為人是有奪老派才能舉出這個例子），如果他是一部八點檔，他會跟紫微說山無稜天地合才去洗奶瓶，原來長大後的男孩子不但聽不到「人的聲音」，還變得聽不太懂人話，眼看《猩球掘起》的猩猩都在進化了啊（悲）。

有個誰說一隻手指頭指著別人時有四隻指著自己（明明是三隻），你用棍子對著兒子時有沒有想到你寄己更欠揍，重點是，兒子才兩歲敲可愛我會原諒他，而你已經四十歲了，想撒泡尿照照鏡子看寄己有沒有兒子的一根小指頭可愛，可能還會不小心滴到腳盤呢，這樣的一個中年人跟小孩嘔氣幹嘛，你又要拿什麼得到別人的寬恕，老公的媽馬啊快拿出棍子揍到他滿地找牙吧因為他值得啊。

最後說回打小孩（跳一下），孩子兩歲後我體會到為什麼有網友說床旁邊都放著棍子，餐桌旁隨時備有衣架，那時吾兒還小，聽到覺得這些父母太可怕了，做人不是要愛的教育嗎，這年頭哪有人在打孩子啦。現在我跟他們道歉，當時不該把你們妖魔化的，我寄己只是時候未到，如今可愛的嬰兒變成半獸人，我也天天想打孩子啊（左手抓住右手）。

因為我們也在忙，當你耐心地講個四五六七八次孩子都不聽時，真的會一把火牙起來，我之前會打他手，但又不會痛根本打不怕，我說手伸出來他還會笑咪咪地把手伸給我，就是瞧不起老子啊。有次子前還能忍有次子後更難忍，因為一比之下嬰兒太乖巧了顯得哥葛更盧小，而且大的還會學小的，嬰兒不是有段時間喜歡嘆嘆嘆地噴口水嗎，嬰兒嘆很可愛，因為他是有種他發現了新大陸，他會控制嘴巴的感覺；而老大就是純粹在學他，故意喝水嘆了自己一身，叫他停就停五分鐘之後又開始，真想拿棍子揍他。

不過孩子再欠揍真的也比不上老公的一根寒毛欠揍，尤其是老公對孩子沒耐性時。小孩才兩歲他正在學他什麼都不懂，你他媽都四十了還叫不動，你好意思怪兩歲小兒不好叫嗎你有臉嗎？老公最煩的就是多說兩次他會生氣，會腦羞地說「知道了」，然後隔天起來一看碗還沒洗，你就是忘記了，下次遇到同樣情況多說兩次他又生氣不說他又忘記，完全束手無策只能忍。身為婚姻導師我有應對

方法嗎？沒有的婚姻之道在於忍，幾年後就不會氣了，不是他改了是妳習慣了，就是一個人在鮑魚裡久了也不臭的意思（為什麼會在鮑魚裡呢）。

　　最後的最後說到雞排（咦），雞排真的要現炸，要買雞排就要做好等十分鐘的心理準備，要老闆從冰箱拿出一塊生肉去沾粉立刻炸的才好吃，那種早就炸好了放在檯子上，有人買再下去炸一次的不是雞排是雞乾屍，肉汁都沒了沒有了靈魂就是一塊死肉啊！！那那種炸了又烤的蜜酥雞排呢（其實沒人問），恕我直言，喜歡蜜酥雞排的人根本不是雞排愛好者，你只是喜歡吃醬你承認吧（指）。

老公都是
得道高人哪（尊敬）

　　身為一前度 OL 現正在家育嬰的婦女，老身一直在努力推廣「在家比上班累、世人不要看不起主婦」運動（名字好長沒縮寫嗎），每次有太太來訴苦，說她們老公說了什麼無良的話，比如「不就在家嗎累什麼累」「帶小孩而已少在那邊靠杯，不知道老子在外面被老闆整多慘」「飯菜也沒多澎湃妳錢是花到哪裡去」「不然我來帶小孩妳去上班啊，就知道妳多幸福」之類，我就會告訴她妳就找個週末把小孩家務完全丟給老公，有了這種瀕死經驗讓他感同身受，他才會明瞭妳的辛苦付出有奪偉大。但後來我發現是我太天真，把老公想淺了啊（調出 VCR）。

　　有天我在廚房忙叫老公顧小孩，一邊炒著菜一邊聽到孩子在哭，抽空去瞧一眼發現小孩不知在鬧什麼彆扭老公正抱著他安慰，但其實聰明的媽媽都知道小孩起番時安慰不頂事兒，要拿別的東喜轉移他注意力啊（戳老公太陽穴）。於是我拿起一個玩具用幼幼臺姐接高八度音調說咦這是什麼好像很好玩耶，你要不要來教馬麻玩一下啊，番顛小童馬上止住哭泣坐我身上開始認真玩起來，媽媽的發問佐以孩兒的操作和銀鈴笑真是完美天倫圖，一會兒我說好了我要去忙了你就這樣陪他吧（把孩子移到老公身上）。

　　沒多久又是一陣哼哼唧唧，去看變成老公躺在地上讓兒子一個人玩，我說你為什麼不能好好陪他他說我有啊，但，躺著不動不是帶孩子的真諦，不然大家都把小孩拿到臥佛前面放牧就好了啊（爆

炸）。眼看生父實在搞不定老娘又忙我使出殺手鐧，說不然你陪他
去看卡通吧，這是無奈的退讓因為我不輕易給孩子看電視的。看到
父與子端坐在電視前，交待下去不要讓他離座哦我又鑽進廚房，幫
豬骨去了一下血水後我轉出來檢查，看見父親躺在沙發上孩子正想
走近電視，我怒問你為什麼不能好好看著他，不是說叫他要好好坐
著嗎怎麼變成躺在上面，讓他坐好！

　　此時湯和怒火一起翻滾著憤怒的母親只好又回到廚房，料丟下
去轉小火再出來，發現父親還是像臥佛一樣莊嚴地臥在那兒還給我
閉目養神，只是改臥在沙發的懸崖邊上，用肉身把孩兒困在後面，
孩子扭來扭去下不來，就像悟空被困在如來佛的手心，憤怒突然轉
為景仰原來老公在哪都能成佛呢（合掌）。

　　對了為了讓老公明白莫等待莫依賴整潔不會從天下掉下來，最
近我收了衣服就往他床上丟，這樣他應該知道他的舒心日子來自主
婦我的運作吧。結果那廝把衣服都往旁邊掃，照樣素喜地睡著他的
覺，衣服在哪對他來說都一樣，搞不好不收他還覺得更好找呢我徹
底的輸了啊。我錯了，一切原是我太傻，怎麼會以為把事情丟給老
公能讓他理解主婦的艱辛呢？

　　相反的他執行後可能更是覺得媽媽一點不累，因為他無招勝有
招統統都用擺爛那一招。不過做人應該心存感激，因為我發現有的

父親根本無法跟小孩獨處，工程師已經算可以了，在我家洗澡換尿布剪指甲都是他在處理的，只是陪玩時喜愛躺著，這點小瑕疵我還能忍受（敲木魚），只是受不鳥他老躺在一旁還堅稱有在陪他，常陪到傳出打呼聲了這叫哪門子陪？

　　但我們太太就是這麼好相處，像我就會想至少丟給他他不會反抗，先省不帶的可能會想至少他會付家用，不付家用的會想至少他不打老婆，會打的可能會說他只是心情不好至少下手不重，我肋骨還健全啊（樂觀）。先省們啊不要再說太太雞歪了，要知道我們多會忍，家庭才有今天和樂的景象啊～最後，老公不體恤主婦這題如何解？諸位太太還是修練己身看開一切，這樣修著修著看下輩子能不能成佛，也就是改當老公換我們演臥佛吧（敲木魚）。

養兒防老乎？ ✦

　　之前上一個節目談到養兒到底是防老還啃老，我認真思考覺得一切看造化，今時今日要防老筆腳難啦老實說，不是都說什麼低薪世代沒有未來嗎還想靠他門兒沒有。養孩子目的應該只是在妳想對老公下手時，會想一下孩子需要爸爸、以及我在大便時還是要有個人看著孩子，不然孩子肯定會跟進廁所看著我棒賽，所以才留著老公小命吧，說到這，半獸人時期的孩子很煩人跟進廁所就算了，還會把我腿打開往縫裡瞧想看東西落下去的樣子，給你娘一點隱私些許尊嚴課以嗎？

　　某次在下身體不適到了站都站不起來的地步，當下感受到配偶欄的重要性，有人可以把兩個孩子帶走真是太溫馨，老公功能的展現就在那一刻。那幾天長子有點拉肚子，我交待千萬別給他喝鮮奶，然後就沉沉地睡去。回籠覺醒來已十點，走出房間看到桌上半杯鮮奶，他要違抗命令也不懂得毀屍滅跡，但木已成舟我也沒力氣罵了，就這樣吧。中午我說去買個白吐司給孩子吃順便買自己的便當，千萬記得，給孩子只能買白吐司哦不能買別的花式麵包哦，孩子的腸胃現在有問題不宜胡亂進食。交待完我又昏了身上還趴了一個嬰兒，當媽真沒有生病的權利。

　　隱約聽到開門聲看到長子手上一罐柳丁汁。我說為什麼要給他喝生父說那是鮮榨的 ok 吧，邊說還邊要打開便當給兒子，要不是老娘身體不只微恙我 very 恙，會像殭屍電影一樣跳到他背上咬斷

他大動脈吧，這人耳朵到底有奪硬！他說只在自助餐店買了些青菜很清淡，但自助餐店的青菜跟油條差不多油啊哪清淡？喝斥他後他才甘願地拿出吐司幸好有買吐司，不然又會是一場殺夫的人倫悲劇了，現在想想有些事發生真是情有可原，講出這一連串法官也會站在我這邊會輕判的吧（最好是）。

這樣亂吃一通長子不意外的挫賽挫了一屁股，跟還珠格格裡的紫薇一樣不只滿了它還漫出來了呢。為了表現父親的專業捐精者叫我休息他來處理，清完特別告訴我長子現在清爽乾淨，來邀功說他把住在黃土高坡的屁股洗得跟陳綺貞一樣清新（陳綺貞會告我吧），也不想想為何會這樣還不是他亂餵。一會兒我進房間看到地上有異物，一聞媽呀是屎它是屎，在次子一直爬行的地上有屎研判他已來回嚕過三十回，屁股洗再乾淨也沒用地上有屎地上有屎啊（奔潰）。

長子之前也有一度拉肚子拉好幾天過，但尿布都接得住只是要不停換。而這次是一瀉千里整個漫出來想到我都害怕，在這之前他可能因為坐著塞住了月工門口（需要形容得如此深刻嗎），還在汽座上時噴了滿身滿背那個慘烈啊。而且奇怪的是他還沒有肚子痛感，我們就是在車上聽到一陣咕嚕聲，因為長子之前用了一個智能水壺，我們還想說是它在叫嗎，結果不是的，是長子的腸子在叫；他也沒喊痛默默地就把汽座毀了，抱下車時背面還在滴滴答答的。

停車場阿北問說他後面怎麼在滴水，我們很平靜地說哦他拉肚子，幸好那天穿土黃色褲子又是晚上，才沒讓阿北心裡留下什麼陰影吧，不然他晚上可能會作惡夢嚇哭。

　　不是父母的人應該很難想像，但經過那一回，我和工程師已經視噴屎如浮雲了，連震驚的時間都不用，第一次遇到還會慌亂地大叫你去拿這個我去拿那個，現在完全不用，默默地各司其職，直接提著孩子腋下把他種到廁所再冷靜地處理，像湯姆克魯溼在剪炸彈的線那麼地冷靜。

　　不過不是我在說老公就是要痛到才會學乖，因為長子的下痢其實有幾天了，是不嚴重但都水便，每天每天我都要一直叮嚀說不要給他喝鮮奶，但每天每天我都會看到孩子的鮮奶杯在桌上，問他就說看他好很多啊應該沒事吧，沒事你個頭（掐死），有天晚上他噴了滿床他才有點擔心，隔天沒再給鮮奶了。那天晚上我忘了先餵藥，因為每天晚上弄兩個都像在打仗，趁長子還醒著我說啊忘了餵藥要不要餵，他又說不用了吧看他好很多了，結果隔天就拉在他車上他心愛的車上。

　　再隔天他真的好很多了，晚上我就想說不用吃藥了吧我其實沒那麼愛給小孩吃藥，工程師就驚恐地說不可以！要餵！還說妳可不要小看他的病，之前是誰小看我一直沒小看，是你寄己耳朵硬啊！

現在好了吧，拉在車身才會痛在他的心，終於對下痢之神（有這神嗎）產生敬畏之心，一開始就聽話不就什麼事都沒了嗎～～

但我體會到為何古有明訓眼不見為淨，算了算了孩子有在呼吸就好，本宮先去休養生息養精蓄銳待會好來咬斷你大動脈（咦），曚曨中聽到兒子一直對著父親喊：「起來啦～起來啦～」看來爸爸在睡覺。叫他帶小孩那廝就在旁邊睡覺但也不意外就是，喊了良久終於停了看來是起來了，不過不久後兒子改說：「手機關起來～手機關起來～」看來好不容易甦醒的父親還是沒理兒子，他開始滑手機了呢。此刻我思考著父親的功用真的健全嗎？父親有比插在田裡的一只稻草人有活力嗎？立在工作外的假人還會揮揮手呢父親只動得了滑手機的那隻手指頭，天下的八八都是一樣滴是指他們一樣老在睡／阿爸親像山是說阿爸像山一樣動也不動吧？

最後懇請天下父親增強寄己的功能性，不然養兒就一點也不能防（止殺）老（公）溜。

無用的父親啊 ✦

　　最近和友人聊天他提到自己有天突然坐也不是躺也不是一疼起來就天崩地裂，有時會從背一直痛到腳底整雙腿彷彿是<u>把郎ㄟ</u>自己已無法操控，看了醫生原來是椎間盤突出，我印象中這不是常搬重物或老坐著又姿勢不良的人得的病嗎，友人的生活形態跟那些沒什麼關係啊？一問才知因為他老抱著女兒，據說出國玩是可以抱著她逛街走三小時那種，是說他女兒好像十三四公斤啊啊啊這樣捧著怎麼吃得消，我還以為有小孩的人使用推車是很正常的事，不然至少也用個揹巾吧，徒手抱著光聽我就肩頸痠痛，還能走三小時身子壞了怪<u>隨</u>。

　　問他幹嘛不用推車腦子壞了嗎，他說他家根本沒有那玩意兒，以前本來是有的，可他女兒一開始通人性後就怎麼也不肯坐，於是便開始了抱著走的生涯。一抱就抱了三年抱到無路可退抱到十幾公斤，抱到腰間盤都突出了還是只能無奈地繼續抱，叫他用脅迫他說沒辦法女兒就是會<u>歡</u>，我心想兒子亂歡我就手起掌落給他<u>巴下去</u>，被吃死死的是什麼呢這就是爸爸啊。

　　這樣說來我小時候也是吃定我爸，印象中五歲以前好像沒有什麼東西要不到的，導致姊姊們想要什麼新玩意兒，就會欺騙年幼無知的我去跟爸爸要，常常那些是什麼我都還不知道啊，是否因為在家負責嬰兒起居的多為媽媽，父親比較常是擔任一個陪玩的工作（嗯，是孩子陪父親玩，就是父親在打電動讓小孩在旁邊看那樣（<u>怕</u>

吼系）），所以小孩要幹嘛父親都肯小孩一歡父親就沒門。比方說同樣是餵食，一樣的量我總能在時間內餵完，而爸爸差不多是餵到一半就會宣布份量太多他不吃了，我說沒有沒有這很正常他天天醬吃，可就看到小孩一直在打湯匙把飯抹了滿頭滿臉，父親一臉無奈告訴我妳看他不吃了。

其實不是他不吃是你沒用啊（怕吼系 again），有天父親喜孜孜地跟我說覺得兒子非常孝順，我心想一歲兩個月是能多孝順？他要是爲親嚐了糞，那應該也只是他想玩馬桶水吧並無其它意圖，結果兒子是做了瞎密呢？就早上他在監督兒子吃麵包，兒子邊吃邊一直把麵包塞塞到爸爸嘴裡，這一個小動作融化了父親的心房。問題是一聽就知道那是臭小孩不想吃，所以才拿來往父親嘴裡塞啊～他說不是不是他真的是想餵我，妳下次試試他也會餵食媽馬的，但當然是沒有，我坐在小孩對面就是一尊包青天（威～嗚～）他想玩時我只要發出一個鼻音他立刻坐好不敢造次乖乖地繼續吃，小孩太精了會騙阿呆的，也只有爸爸這樣沒用會上這種鳥當，爸爸們哪別傻了啊（戳太陽穴）。

但男人似夫真的對小孩比較沒門，從我兒剛出生時父親老是要偷偷地一直抱著他哄睡，到現在我明明已經讓他養成丟回小床姿勢擺好自己練習入睡的習慣，但哄睡這事一旦交給父親，就會看到他把孩子放到大床上懷抱著高規格哄睡，此情此景總是讓我發怒，身

為一個媽馬我他媽很忙！你把哄睡的層次拉高到這樣但又不可能天天你都哄，不等於我要每天耗上很多時間去陪睡嗎，那奶瓶你來洗便當你來做房子你來收啊（飛踢）！

　　上次約朋友去兒童遊樂場那種地方，要走時小孩想必是不想走嘛，媽媽就會理性溝通說這裡要下班了啊下次我們再來啊店員姐接想要休息啊等等，爸爸則會說那我們去挑一個玩具就乖乖回家好不好？比起來爸爸的提案當然容易成功，爸爸還會沾沾自喜吧。但小孩以後就會這樣逼宮要玩具啊，另一個朋友也說小孩任性哭鬧不吃飯時父親會說要買給玩給他，拜託這什麼招？那小孩以後就會一直這樣耍賴了啊嗯湯啊嗯湯。

　　我想父親就是慣壞孩子的元兇，因為他們不想花心思對付孩子只想收買他，這是行不通的，收買只能對老婆，比如買掃地機器人和洗碗機（心頭摯愛的二機），老婆就會說今天可以內個哦，連那個和以前我都說不要的那個也可以哦（哪個啦）因為我們已經定型了我們知道自己要的是什麼（也可以說是沒什麼救了），而孩子還在塑型階段啊可不能養成壞習慣，所以對老婆只要帶她去百貨公司（我們連陽明山都不想去了因為我們很知道自己要什麼），而對孩子要溝通了解和耐心，電視機前的老公們知道了妹有（戳太陽穴）！

男人啊
你只想到你痣己

　　話說我們有群朋友快十個人有固定的聚會，本來大家都是單身聚在一起超好聊，還大家一起出國玩過，後來慢慢地有人結婚了但其實也差不多啦，已婚人士只要沒生應該跟單身差不多吧（除了過年要回婆家做牛做馬外）（離題！）

　　直到開始有小孩，很明顯的分成兩個派系，出去吃飯是有小孩的坐一邊沒小孩的坐一邊，沒孩子的聊的是好吃的好玩的哪裡有新開店，以及何時有便宜機票大家去搶了要去哪裡玩，以前的我也曾經熱愛這種話題啊（遠目）。而有孩子的呢，那半邊就是一個吵和亂，大家在談的是小孩會走了會說話了會頂嘴了，養孩子多花錢學費有夠貴，和哪裡的親子餐廳不錯有空去那放生小孩……

　　對了我們這團其實是個美食團，以前吃到不好吃的餐廳都會發火那種，親子餐廳是什麼呢就是食物普遍不好的地方，我們竟然在約要去親子餐廳吃那些昂貴的料理包，想想真是不勝唏噓（輕吐菸圈）。這樣與人間脫節的日子已兩年，所以老身早已習慣惹，那天看到新手媽媽友人在鬧脾氣，說大家都去看 COLDPLAY 都去看都去看啊，意指自己孩兒纏身出不了門吧，我心想還會這樣想追隨流行妳也實在太嫩，有天妳會發現，妳在意的流行是腸病毒登革熱或流行性感冒這種流行，這是什麼呢這才是媽馬的人蔘哪（彈菸灰）。

　　像工程師一直很想看《攻殼機動隊》但無法，偏偏該電影買了

很多車體廣告，在路上等紅燈時就會看到史嘉蕾喬韓森奶在跟你打招呼，這算是這幾年聽他嘆息最多的一段時間，因為他是攻殼機動隊的 fan 又相當熱愛史嘉蕾喬韓森，這二合一簡直太磨人，如果你開車旁邊停了一部史嘉蕾公車，她的奶還正對著你的臉哪！

生孩子就是一個暫時放棄自我的行為吧，當然除非你可以找到人幫你帶啦，我老大算是完全自己帶沒假手他人，所以很難丟包，到他長很大時我才試著丟包給老木幾個小時，和工程師兩人出去吃飯過，不然都是我媽來幫忙而已她無獨自料理他的能力，等我意識到這樣不行，我應該一開始就逼我媽練習幫我帶小孩時（摳憐ㄟ老木），現在已生了老二，更不可能把兩個都丟給她她會瘋掉。

帶孩子這種事就是你以為你帶過（我娘生四個）沒什麼難，但久了根本忘了啊加上體力也有差，像美雲就說過我很沒用，像她們以前啊不啦不啦不啦，結果我只是把小的丟給她她就很忙亂了，大的給她她根本是眼神死地坐在客廳裡因為給累的，小時候我們都跟鄰居玩現在哪有鄰居啊（有的只是不講話）（而且也很難剛好都有小孩），鄰居不投訴你家小孩吵就偷笑了，這年頭誰還在敦親睦鄰呢？

不過工程師算是有良心的，老實說我生第二個時因為覺得恢復很快很美好，偶爾會動要不要拼個女兒的念頭，但他強烈反對，我

有參透到因為我是會把事情丟給他做的人，比如貝麗奶瓶我覺得不錯用但配件好多實在懶得打開，於是我決定叫工程師洗，就不用在乎配件有多少了是不是？

而他因為有紮實地參與育兒過程，自然是強烈反對啊他的爐石之友都好久沒見到他了啊（屁，每天晚上還是在連線啊忘拔蛋），那天看到一篇文章，是一個太太說先生一直想要第二胎但她不想，因為帶孩子她好累可先省完全不幫忙，不幫就算了，偶爾孩子鬧情緒先生還會大發脾氣說她不會帶不會教，爽到你艱苦到我換做是我我也不生。

像我在生老大時公婆有想叫我把老大送回高雄，是兩個人打電話來輪流勸，在我生完過後一個月嫂子也生了給婆婆帶，後來我回去，公公一樣勸我把孩子留高雄但婆婆已經不參與這話題了，為什麼？因為你只出一張嘴但孩子是婆婆在帶啊（正常寫到這應該還是要加忘拔蛋，可是公公我就不加惹，大家請自行加上吧），婆婆已累壞當然沒想再多一個，這胎我生完公公竟然還是沒放棄這個心願叫我把老大送高雄專心帶老二，男人啊你有想過在累的太太的心情嗎，你沒有，因為你只想到你痣已！

天哪我竟然進化到開始罵公公，可能是老公已沒得罵了吧（不可能）。

兩子夫妻的
婚姻維繫之道

● ● ○ ○

我願意餵你

我願意餵你

我願意餵你 吃慶記三斤

⋯⋯你一直 躺在衣服堆裡

坐牢三十年我可以

我願意餵你

我願意餵你

我願意餵你 吃磚塊三斤

只要你繼續 顧⋯⋯⋯⋯

我什麼都願⋯⋯⋯⋯意 餵你～

歡迎收看
一樣行為兩樣情

當媽後才知育兒界有句俗諺：「有一種冷叫媽媽覺得你會冷」，媽媽可隨意置換成阿嬤或外公或任何人，意思就是天氣明明不冷可大人就是覺得小孩會冷，層層疊疊地給他穿了許多件把孩子熱出一頭汗，流汗了就更不會幫他脫衣服因為流汗再吹風會更冷，導致很多孩子聞起來都酸酸的就是給悶的。

偏偏我不是那種媽，我老覺得兒子好像很熱所以慣性給他穿很少，江湖不是傳言小孩不怕冷嗎，還有大人穿幾件小孩就要少穿一件的說法，像夏天我們只穿一件時小孩根本應該裸體啊！所以我娘看到我兒子都一直想把他肚子圍起來，回到公婆家公公也是不停的要給他蓋被子，我公婆家在高雄耶根本四季如夏，再蓋被我兒會酸到發酵變成一罐優酪乳的吧。

也許是習慣我的這種態度，所以我老公也是信奉小孩其實不怕冷那派，某次寒流來據說會下探 12 度，我給孩子穿上一件厚一點的衣服還戴著帽子，出門後發現外面比想像中冷啊風好大說，路上的小孩都穿著羽絨外套包得像顆球類，於是打給老公提醒他待會送褓母時記得幫他加

件厚外套，他說不用吧孩子好像很熱，我說那是因為在家裡啊外面風超大的，他說是嗎，可是他熱到一直大叫脫了帽子才平靜，我說在家當然熱但外面超冷的記得加外套，他回我「哦，可是他現在好像很熱耶」，大家評評理我常有想掐死老公的衝動這是我的錯嗎，老公還活著我真的脾氣超好捏。

然後我就一邊幻想我在掐老公脖子一邊觀察路上幼童的穿著，真的每個都穿很多啊他只給兒子穿一件不妥吧，我想我必須坐計程車回家掐他脖子惹（小朋友不要學）。此時突然看到一個小女生也穿得很輕薄，想說還是有人聲援我尢的好吧我放過他好了，會不會小孩真的不怕冷吼（我腦波也是夠弱的）。結果抬頭一看原來也是父親帶出來的，我想有一種暖叫父親覺得你很暖吧？但天氣明明超冷的，重點是該名父親自己穿著厚風衣耶，小孩連外套都沒穿這合理嗎？

那天晚上回到家看到溫尢穿著發熱衣加襯衫加毛衣，把自己包得很厚實還說這是洋蔥式穿法很禦寒，而這顆該死的洋蔥竟然只想給兒子穿一件！好想扒光他跟那位父親把他們一起踢到戶外！其實不用扒光只

要讓他們穿得跟孩子一樣多,他們就能體會到自己做錯了什麼了吧。
想想好久沒想扒光老公了啊(遠目),上次想扒光他是何時早已忘瞭,
只知道絕不是這種懲罰的情況而是那種害羞的情況啊(哪種?)從以
前到現在一樣的行為兩樣情,這是什麼呢這就是婚姻啊(輕吐菸圈)~

！白目老公這樣做，一秒惹來殺身之禍！

根據全國主婦工會調查，全臺近八十剖限的老公都曾經因為以下症頭一秒惹怒家中主婦，並進而引來殺身之禍：

A ｜ 無論何時何地都能呼呼大睡鼾聲擾人還會吵醒孩子？

B ｜ 看到未疊的衣服山不但不疊還躺上去？

SHOWON

生活學習指南 老公篇

雖然為師的一直致力於推動殺夫合法化，老公該殺本是天經地義，但劈死一個還有千千萬萬個，嫁到下一個妳一樣會手癢的，因為我說過了老公都是一個樣他們是複製人全面進攻，想要化解這個輪迴唯有替老公這個角色創造生存的價值。

而身為老公的你覺得這些畫面很眼熟嗎？你是否也常因為這些陋習被老婆責罵而感覺很委屈覺得太太很多事呢？為師的想要提醒你一聲你老婆現在在你背後而且她很火大喔。究竟這婚姻中的難題該如何解開呢？

C | 熱愛屎遁占用廁所而且其實根本就在滑手機？

D | 未經討論擅自答應返鄉而且言談中猛扯太太後腿？

Let's Sing and Talk!

本單元旨在要告訴各位老公們想要在家庭中保自己的小命其實不難，只要針對最重點的四大項目做出正確的反應，如同沖脫泡蓋送，變成口訣內化至心中，在緊要關頭必能做出正確反應，讓老婆心中法喜充滿，方能使家庭生活永保安康。該如何做呢請翻頁看VCR（擺手～）

內容監修＝宅女小紅

宅女小紅

老公生活教育發展協會理事長
暨媳婦身心研究權威

睡睡看

我不打呼
ㄨㄛˇ ㄅㄨˋ ㄉㄚˇ ㄏㄨ

我睡覺安安靜靜
ㄨㄛˇ ㄕㄨㄟˋ ㄐㄧㄠˋ ㄢ ㄢ ㄐㄧㄥˋ ㄐㄧㄥˋ

睡覺打鼾怎麼辦？你可以睡前自備封箱膠帶或是曬衣夾把自己的鼻孔夾住止鼾，或發老婆兩個耳塞加紅包讓她忘了你的鼾，不然就治本，讓自己瘦點兒比較不會打鼾。睡眠不足的人脾氣最暴躁惹，想想看，本應甜美的睡覺時光旁邊有個人在吵那有多火，而且天天年年誰吃得消，在精神失常狀態下失手把枕頭悶在打呼者的臉上都是有可能的，畢竟那個人不是從我子宮出來的。雖然孩子半夜也會吵，但老公要知道，你的可愛度及不上孩子的一跟小指頭，千萬不要以身犯險，處理好自己的呼吧。

疊疊看

我(ㄨㄛˇ)會(ㄏㄨㄟˋ)自(ㄗˋ)己(ㄐㄧˇ)疊(ㄉㄧㄝˊ)衣(ㄧ)服(ㄈㄨˊ)

身為主婦我必須說疊衣服是清單裡的最後一樣，畢竟地不擦會腳底黑碗不洗會有蟑螂，但太陽下山明天依舊爬上來衣服不疊下次還是一樣的穿，幹嘛急著疊呢～所以我家沙發上常有座衣服山，而老公就不知道為什麼常常或坐或躺的在那座山上，像過年時迪化街都有魷魚山，山上站了一個老闆在叫賣那樣。但你不疊就算了，挪開再坐不行嗎！只是衣服山腳下坐了一個閒人，明明在看電視也不肯動手依舊讓人火大，此時要是再遇到什麼人生的不順遂，行兇的衝動又湧上了心頭。所以先省為了自保順手疊個衣服吧，步驟很簡單，鋪平對折鋪平再對折，小動作大成就你也可以自己做做看。

我如廁不帶手機

ㄨㄛˇ ㄖㄨˊ ㄘㄜˋ ㄅㄨˋ ㄉㄞˋ ㄕㄡˇ ㄐㄧ

上上看

從腸道到月工，這南下的距離並不遠，為什麼老公坐馬桶都要坐上半小時，因為塞車嗎，不，是因為他帶了手機啊～男人變成老公後重要時光的前戲常會省略，倒是如廁的前戲變久了，要滑 IG 要玩手遊，直到門外的太太發出怒吼，才會在最後的三分鐘擠出＿＿來，但別怪為師沒提醒，這是一件危險的事啊～你可知道坐在馬桶上即便沒在棒賽 月工仍會不自主出力，容易造成肛門靜脈曲張引起痔瘡嗎？以及家事如麻小孩又在罵罵號，家中明明有人可以幫把手可他屎遁了，等了半小時還不出來，太太的怒火可能會讓廁所走水嗎！放下你的手機吧，大便時間縮短你的命可以更長，愛護生命，從大便不帶手機做起。

做做看

我隨身攜帶錦囊

ㄨ ㄛˇ ㄙㄨㄟˊ ㄕㄣ ㄒㄧˊ ㄉㄞˋ ㄐㄧㄣˇ ㄋㄤˊ

最後先省要記得不管為何原因惹怒太太，錢是你的好朋友紅包是你的保命符現金是常保家中和諧的萬靈丹，打開婚姻的錦囊裡面寫的就是花錢消災四個大字這你可千萬要放在心上啊～

不要覺得錢最俗氣老婆是新時代的女性不吃這一套，新潮和傳統我們兼容並蓄，我們新潮在不受傳統婆媳關係的約束，保守在我們什麼都要領紅包（被打）好了為師言盡於此不要遲疑快去提款吧，就算沒有遇到任何節日，太太還是會感恩地收下的，太太就是這麼默默地支持著老公的所有決定的啊。

老公的
棒賽之謎

　　身為婚姻教主，常在訪問時被問到一題：「婚後妳最受不了老公什麼事？」每次遇到這題，我的答案沒有第二個，一律都是大便大太久這件事。

　　雖然很多人說他大他的妳幹嘛管人家，但我真的看不過去啊（怒），好啦打呼我也受不了，但打呼是生理現象而且他婚前就打，可真的是婚後才開始一大便要大上半小時，是有奪麼需要屎遁啊。

　　我曾問過我老公你大便為什麼大那麼久，那廝辯稱他肚子痛，你這就是騙人沒肚子痛過了，普通時的便還可能要醞釀一會兒，肚疼時那屎根本是自己衝出來還深怕褲子脫得不夠快（是否形容得太深刻，希望大家不是正在吃飯），哪需要坐上半小時你說謊！（拍桌子指對方的謝震武嘴臉）（但我想謝震武律師沒做過這種事兒吧，他比較常坐在別人的計程車裡推銷蜆精啊）

　　被指責後他堅持他那半小時都在大他沒有停歇，就像舞孃一樣白雪夏夜我不停歇嗎？你說謊！（謝震武又來）半小時你要拉好拉滿馬桶都不夠裝，像傑克與魔豆一覺醒來可以長上天，你大完站起來應該發現踩不到底穿出屋頂了吧。你肚裡要能裝那麼多應該早已淹到腦門了，頭殼裝屎就是在說你這種人哪。

　　看到這兒電視機前的太太應該點頭如搗蒜，而先省們正在想這

個臭三八幹嘛管人大便啊？我家馬桶我愛坐多久坐多久，難道老子連大便的自由都沒有了嗎？是啊我也不想這樣限制人身開民主的倒車，但老公大便總是不看場合不看人臉色，他可以一直打電動看電視做廢事兒，我說先去洗奶瓶好嗎他就說他要大便一去半小時，奇怪了剛才不是在看電視一點沒便意嗎？或在我要去洗澡的時間他可以進廁所半小時不出來，我忍無可忍跟他說我要洗澡了，他出來後我還在生悶氣他叫我去洗啊，我說我才不要裡面很臭，他跟我說他沒大，那他在廁所幹什麼，廁所是老公的任意門打開就到別處了嗎，這真是我心中的謎啊。

想想我媽美雲脾氣真的不錯，因為我爸也是一進廁所半小時不會出來，可我完全無法忍受工程師在廁所那麼久，我會在外面想把桌上的東喜都掃到地上（脾氣壞）。其實我也不是非管人棒賽不可的（不是嗎），實在是他完全不看場合不看臉色他放飛自我他太寵他的括約肌惹。工程師後來發現我會很生氣，去廁所前會虔誠地問我：我可以去大便嗎？以前我還是會讓他去，因為覺得這樣限制人家不好，婚姻是求一個一起成長不是互相傷害的（咦我為什麼說出了人話）；後來發現不能啊，他去了就是爽到他艱苦到我，他開心了我肚中一團火這樣不健康，我改回他你現在非去不可嗎，他就會說那不用了，可見屎還在路上，他都告訴你它還塞在臺中，你何苦現在就去新營交流道口等他呢要等很久的啊！

　　不過婚姻就是這樣，你不能永遠只擺臉色的，有時還是要有嬌媚感的啊，於是有天他說要去廁所，我就像小麻雀般地跳步到他身邊，跟他說你可以試試不要帶手機去廁所，效率會很好的呦～請注意呦字的情緒，強化可愛感是此問句中不可或缺的，萬一說「你，不准帶手機」，他可能說老子上班多辛苦為了交註冊費這麼奔波想帶手機會怎樣，妳這個賤女人是不是討打，然後隔天我就要戴墨鏡跑通告惹，拿下來裡面是個黑眼圈安捏，所以記得裝一下可愛呦啾咪（結果裝太過更欠揍，被戴上手指虎再打）。

　　提出這要求時他呆了一下，我就用電影裡的搜身法拍了一下他大腿口袋要找出他的手機不讓他帶，結果呢大家一定想知道吧，他沒帶手機有沒有五分鐘完便呢？我還準備好碼錶要在門口計時呢（是有多無聊），沒想到這人沒有了手機後在廁所門口站了三秒鐘，就宣布他其實也沒那麼想大他不大了，是不是很欠揍！！！！！想到這就覺得限制他一點也不用自責，他自找的啊（折指關節）。

等等等等 ⚡
等一下

　　有天看到友人的 fb 動態寫了幾個斗大的字「全地球不是只有男人在忙好嗎」，雖然完全不知前因後果，但身為一見到黑影就開槍的不理性妻子，我立馬投射自己的心情在上面，氣憤地留下了「而且滑手機不是真忙好嗎」字句（看得粗來是針對老公吧），接下來是其它女人的發言「女人明明事更多更忙」「我忙死了好嗎」「女人忙才不會一直掛在嘴上」……等等。感覺我們頭上烏雲密布仔細一看哦那不是烏雲是太太們深深的怨念，因為太深邃都變成固體飄在頭頂了啊～

　　老公糾竟在忙什麼一直是我心中的謎團，因為明明沒看他有什麼大出頭，可每每叫他幹嘛都會得到「等一下」這個答案，好我等反正就一下子嘛，但等到最後常常是竹籃打水一場空那廝根本就忘瞭，再跟他提起他還一頭霧水說有這回事嗎，這是什麼呢這就婚姻（是我的婚姻吧）。

　　久了知道這是他慣用技倆後，我會叫他做什麼後在他附近以一個我正盯著你的姿態盯場，他心情好時會說等一下，心情不好時就大小聲說妳沒看到我現在在忙嗎。可我本身也不是一個死白目（真的不是嗎），我就是看你沒在做什麼有出息之事才會這樣盯著你的啊！和網路那頭的一個不知道是誰的人對戰，囊道比身旁有個憤怒的太太這件事急迫嗎？此時可能有人問縮妳這麼有閒還盯著他那幹嘛自己不去做？跟你說當然北盈哩，身為太太要讓先省明白跟人網

路對戰只能算消遣，家裡有些事是他的責任不可卸責，重點是如果我事事都能自己來那我要你幹嘛捏，家不是我自己的該讓先生忙的事當然要交給他才行啊。

　　就像之前溫刀更衣室燈管壞了，我明明也會換但硬要叫他去處理，小事件大道理老娘就是要他明白這是一個男人份內之事，雖然最後不意外的我失敗惹，約莫過了三四個月或許半年，等到房子租約到期我們都搬家惹更衣室還是暗的，身為一網美（嗯……）我每天都出門後才發現自己穿得亂七又八糟，現在想來真是白費心機，他還是不知道那是他該做的事吧（點菸）。

　　但為母則強啊孩子就是要教，小兒一歲半時我就能教到他學會一些常規，一回家會自己練習脫鞋子，脫完鞋脫襪把襪子塞到鞋裡後放到鞋櫃下面，然後大叫一聲「洗手～」就衝進廁所洗手，囊道四十歲的，理應聽得懂人話的會搞不定嗎我不信，我要有信心老公是可教化的啊（握拳）。

　　於是有天廚房燈管壞了我告知老公請他去處理，這次他進步了沒說等一下了，而是問我「妳什麼時候要用？」。等一下（咦這次換我說），這七個字怎麼比老公說等一下殺傷力還強？然後這它們就像走馬燈一樣在我腦子裡繞啊繞：

（（（（妳什麼時候要用妳什麼時候要用妳什麼時候要用用用用）））））

廚房燈不是一個天天要用的東喜嗎我到底何時要用，我每天下廚囊道有哪天可以不要用？那天我在昏暗的廚房小心地切著食材用淚水佐菜省了點鹽，想著別人的兒子真踏馬的太難教了啊。

　　說了這麼多是要人妻們在交待事情時記得要逼死老公嗎？當然不是的，爲師是用自身小故事告訴大家妳並不寂寞（搭肩）。婚姻它是一場修行，他惹我們生氣我們就不要跟他雙修就好溜（安捏干丟）（但我痣已生兩個說這話有說服力嗎）（矮油也沒常修只是不小心修在刀口上啦）（是不用解釋那麼多）。

先省愛字意 ✦

　　之前有張照片在瘋傳內容是一位男士被膠帶封住了嘴巴，沒看圖說還以為是什麼綁票案件因為看起來像肉票，點進去才知道誤會一場其實有個充滿愛的故事，原來這位先省知道自己有打呼習慣而老婆又淺眠，為了怕睡覺打呼吵醒老婆，所以用膠帶把自己嘴巴封住。照片是太太照下來的，看到先生做到這樣自然是萬分感動，於是在沒吵醒老公的狀態下輕輕地把膠帶撕掉，真是一對充滿愛的模範夫妻來著。

　　新聞是友人轉貼給我的，身為充滿怨念的太太，她說一定是老婆嫌吵封的啦少在那邊。我則認為不可能，老娘也是太太我懂太太心，要我動手我會直接灌水泥封住口鼻啊（小朋友不要學）才不會只封嘴呢，這種心情當過太太的都會明瞭吧（明明只有我這樣）。

　　是說溫尢也是一個打呼打到我奔潰發狂的男子，本來不會哦是後來他大發胖才開始，所以人啊還真的是不能胖（警世）。一開始我都輕輕捏一下他的鼻子，阻礙他呼吸讓他醒來我才能好好睡，然後隔天還會自責地問縮你昨天有睡好嗎，結果他根本也沒發現所以各位朋友真的可以安心捏。但這樣溫馴的手法是還有愛意的時候，婚結久了人就是愛意與愛液都沒惹（我在說什麼！），後來就直接把他踹醒少打擾老娘睡覺。不要說我無情，小時候我爸打呼吵醒全家時我們也都是這樣辦理，去他房間踹他一腳再回自己床上睡，連生我養我的父親我都這樣我還算是個人嗎？不過通常我隔天訪問他

他也沒發現被踹就是，會不會老公其實沒神經，在他鼻孔灌水泥他也不<u>雞道</u>還說老婆我好像有點鼻塞<u>安捏</u>。

當然踹老公我難免是有點自責的就算他壓根沒發現，可長期睡眠不足會得病的啊！幸好問過友人她說她也是，而且她發現正踢不夠大力，她都背對老公用盡全身力氣反踢這樣才夠勁兒，我幻想了一下就像馬在踢人那樣吧，失傳已久的神龍擺尾又重現江湖了，能無師自通地使出這一記，老公真是能激發太太的無限潛能呀！

其實老公怕吵到我我倆早已分房睡，雖然有人說分房會傷害夫妻感情，但我覺得長期睡不好才會傷害感情好不好，多少個夜晚被吵到崩潰好想用枕頭悶<u>屎</u>他，所以我好敬佩那些習慣老公打呼，完全不受影響的太太們，有個人在耳邊吵跟睡到一半有蚊子在耳朵旁嗡嗡叫一樣煩死了啊。奇怪的是被兒子吵不會哦，兒子吵到我我還會輕輕地拍著他的小屁股安撫，而老公吵我只想要拿出機關槍轟他（如果我有的話），這就是<u>寄己</u>的兒子和別人的兒子的差別啊。

文末提醒天下老公自己要知道自己吵要想辦法解決，這種事不應該讓太太處理，不然被狠踹幾腳封住口鼻丟到水桶裡灌水泥投入大海都是有可能的。睡眠不足的人不要惹，不然我會做出什麼事我自己都怕啊。

該生不該生 ⁺

　　身為一個媳婦燈塔眾生的心靈導師現在又是娘，很多網友會問我一些人生的難題，比如到底要生孩子比較好還是當個頂客族好／當全職媽媽好還是上班賺錢小孩送褓母好，這種問題好難答哦哪有什麼標準答案，尤其是前一題，根本是一個ㄟ盞改變人生的選擇題，而且不到嚥氣的那天，也很難說出對你來說到底哪個好吧？但我倒可以提供兩個小故事，讓各位自行判斷有沒有小孩對家庭生活有什麼影響。

　　有天我不在家冰箱裡有 pizza 老公想加熱吃，他問我怎麼加我說先噴點水微波一下再烤吧，要我會這樣熱，回家問他有吃嗎他說有，還跟我說烤箱預熱一下直接烤就好，不用先微波夠熱哦也不會很乾，天哪我好港動老公長大了啊（熱淚盈眶）。

　　隔兩天的晚上我在專心寫稿，他先來問我 pizza 還有嗎他想吃，我說有啊繼續寫我的稿，後來看他沒動作，就幫他拿出來退一下冰然後專注在稿上，過了一會兒他說幫我熱我說我在忙耶你自己去，又過了片刻他說怎麼熱我不會，然後這三個字就像走馬燈一樣在我心裡繞：

　　（（（（（（我不會～我不會～我不會會會會會）））））））

　　踏馬的你明明前兩天才熱過這三個字你說得出口，糟糠妻在家

你就斷手斷腳了逆，就像有了洗碗機我就不洗碗了一樣，但這行為不可取，畢竟我是個人類我是他拿著鑽戒下跪求來的老婆我是他承諾會愛我擠夕郎的女子，結果咧，婚後我的功用跟洗碗機差不多啊！我相信大部分的妻子會印堂發黑地去幫老公烤，愛護我的粉絲們請放心我有守住防線還是讓他自己去，但這男人也太欠揍了吧。

又有天我發現冰箱的芒果有點發黑了，我個人對芒果過敏我其實是不太吃它的工程師也知道，而他是很愛芒果的，怎麼忍心他的小心肝黑到壞掉，我想他並沒看到，我跟他說芒果黑了耶，他秒回：「對啊，妳為什麼不切！」只因為芒果剛來時我有切幾盤出來，所以這事兒歸我管就是？我回他有人切你才要吃嗎你是少爺嗎你不會自己切嗎，他停頓了一下又誠摯地問我一次：「那妳為什麼不切！」

此處驚嘆號不是我亂下他真的是用質問法，而這次我輸了，因為我想我要不切芒果就會黑死在那兒吧，但我其實稍晚有事就快要出門了，於是俐落地切好三顆裝好盤，叮囑他有三顆芒果心哦你待會先啃一啃我要出門了。隔了數小時回到家，打開廚房門發現流理臺上靜靜地躺著三顆吃過的芒果心，在發現果核的當下我理智就斷線了，可能廚餘是我死穴吧對這個我就是無法雲淡風輕，在萌生了數回我要掐死他我要掐死他我要掐啊啊啊啊掐他的念頭後（大家不要學）大口深呼吸，告訴自己不要衝動默唸孩子還小需要爸爸三百回（意思是大了就不用了嗎），才終於平靜下來收拾殘局，而不是

去了結了內個王八蛋的殘生，要是沒孩子的話案情會怎麼發展呢我不敢想。

　　話說回來有小孩前老公出差我都超開心的，他有次出差快一個月那個月我快樂的不得鳥呢，有小孩後再怎麼樣老公在就是多一個人看著小孩，有人幫他洗澡有人幫他換尿布我在忙時至少有個人接手，所以有孩子後雖然感覺上老公變討厭了（對，是感覺上，因為老公自始至終都那麼討厭（只有我老公吧）），但少一個人也是諸多不便。

　　我們想為他燃燒自己的對象變成親骨肉了，婆婆的骨肉就越看越煩心，有時真想把他塞回婆婆肚子裡（好像蛇吞象啊），卻愈發覺得少了他好像不行，小孩真的是媽媽的冤親債主是老公的救命恩人啊（不是這樣的吧）

　　所以孩子重要嗎該生嗎？
　　各位人夫人妻請自行判斷吧（敲木魚）

靈魂的白目者 ✦

最近跟一位 27 歲的肖連郎聊天，他縮和女友覺得差不多該要
結婚生小孩了，我大吃三斤說結婚沒問題生小孩我沒聽錯吧（搖肩
膀），生完小孩人生就畫下句點了啊！！你可知道老娘奪久沒進過
電影院，我最近心情好時隨口哼的歌是（哽咽），是巧虎主題曲啊
（淚水奪眶）。

好吧這可能是我寄己的問題，我不上進我跟著孩子轉，但所有
人都說有了孩子後感情容易變差，我自己的經驗也是這樣，因為婚
姻嘛，有什麼不悅就是會忍著，各退一步好像也沒什麼過不去，啊
嗯勾對於孩子很難讓步，媽媽覺得危險不已爸爸覺得哪有關係，面
對老公天天白眼翻到後腦勺，夫妻感情一定會失和的啊。

當然這必經，但他還年輕啊，二人世界不過個過癮再生，這不
是很容易婚結不久就情海生波嗎。他說沒差現在也沒少吵，是啦我
懂想結婚的人自然覺得什麼都不是問題，但不一樣不一樣（搖食
指），曾經我也以為老公的白目就這樣了，婚姻是場修行哪有什麼
難得倒我的呢（盤腿飄浮空中），沒想到不四的，老公沒有極限老
公是和自己賽跑的人（老師請下歌），他的白目總是能屢創新高沒
有終點，沒有在追求卻總能自我突破，如果米希亞是靈魂歌姬老公
就是靈魂的白目者啊（聽起來變好威）

打個比方來說，之前我不准他開電視給小孩看，他會告訴我他

那是 Discovery，奇怪了 Discovery 就不是電視嗎那那是什麼呢，有 HD 高畫質他就親臨現場了逆（戳太陽穴）。有次又被抓到我質問他為何又給小孩看電視，那廝回我他是放音樂 MV，但我管你內容是什麼，螢幕上有東西在動那就是電視，就算你在放霹靂布袋戲只要不是看現場它就是電視是電視（扭下他耳朵），各位千萬不要覺得耳朵扭不下來，一般人的可能難，但老公的耳根超硬，所以應該跟百吉棒棒冰的頭一樣，一轉就下來了的連兇器都不用拿。

最新案例是我不准他邊育兒邊滑手機，就覺得別讓小孩看到大人一直在滑，你不玩小孩就不會想玩四不四，但有天就被我看到他在滑，我說你為什麼滑手機他說他只是在看 FB，天哪又來一次，所以看 FB 就不是滑手機就是，老公心中覺得只要不是在玩手遊，就都不算滑手機就是，不要再說太太愛生氣了，太太的暴怒都不是沒道理的啊！

正當我想戳瞎他雙眼餵他吃磚頭再將之丟到鐵桶裡灌滿水泥推入大海中，這樣的父親留下來對孩子的影響是弊大於利，突然一陣臭風襲來原來我兒子大便了，差點要被我戳瞎雙眼餵食磚頭再將之丟到鐵桶裡灌滿水泥推入大海中的男子，此時熟練地拿起尿布和溼紙巾，還叮嚀我走遠些不要看，但這幕很帥怎麼能不看，像女主角快被弄死的時候孔劉突然現身，像連恩尼遜在救他女兒，是婚姻生活的催情劑比收到花更激情，胎胎會想揉身體的啊（只有我這樣

嗎）。揉到一半咦怎麼除了原有的 S.O.P. 外還有些微妙的小動作，奇怪孩子沒吃金針菇啊（這麼隱晦大家知道是什麼小動作了嗎），問之對方回答是水蓮菜，後續又掏了半天，說有根太短的實在徒手拉不出來，就算深入虎穴（？）也太軟，一位父親專心的在與月工拔河的情形真是讓天地動容，又或是您正在吃水蓮現在覺得食不下嚥呢我道歉。

好了我原諒他了，每個丈夫都有他值得活下來的理由，而那位很想結婚生小孩的肖連啊～結婚不是談戀愛，生小孩更是讓人覺得人生的難關是一關接一關，但我知道阻止是沒用的，每個人都覺得寄己不會相同但其實多數人都差不多，你想去就去吧，但要記得創造自己的價值。

維繫婚姻靠的不是愛情，就靠那麼一兩個讓太太願意留你活口的理由，這道理結了你就懂啊（拍肩）。

感化老公的 ✦
KNOW HOW

　　有天參加了一個媽咪放輕鬆爸爸動起來記者會，想想我算是這件事的實踐者，重點是並不是溫尢天生愛做家事哦，這路回想起來也是充滿荊棘，但我不放棄地慢慢用愛和耐心感化他，才能走到今天這個地步，甚至還被臺北市政府找去當代言人，只能說我實至名歸這是我應得的啊（舉起手中的金馬獎）（為什麼）。

　　剛結婚時我著了魔似的想當一個把丈夫照顧到無微不至的賢妻，過來人現在奉勸大家千萬不要啊老公就是越慣他越懶，有天妳會發現他連喝完水的杯子都直接放桌上，妳要不收任著他放他可以擺滿一桌，然後再說老婆家裡沒杯子了真想怕吼系，本來還能忍反正順手收一下無妨，但生了孩子後就難了因為媽媽時間變很少，生完孩子後女人人生時間大多奉獻給小孩了，誰還想去管婆婆的孩子呢，我要照顧真正的無行為能力者啊。而且想到孩子他也有股份的，不能讓他只當一個捐精者什麼都不做，於是我開始會叫他換尿布洗孩子，多少當個對家庭有貢獻的人，但也就是這兩件事了，其實就算這兩件事不做媽媽還是很忙的也沒能放輕鬆啊。

　　生了次子後我感到真的無法再一手包辦家務了，一開始是跟老公訴說我有多累多忙晚上時間好不夠用，一次兩次老公應該是左耳進右耳出吧，三次四次後他根本把耳朵關起來連進都沒進去，我想這方式太迂迴了，老公的大腦是一臺老電腦，應該是黑底綠字跑一個東西風扇會發出要起飛的聲音的那種，這樣的傳達意念方式對他

來說太難了啊。身為一個女人最大的武器是嫵媚？不要回我大奶哦雖然奶大是可以吃四方，但生了孩子後奶畢竟會下垂，並且越飽滿的胸部頭垂得越低，太太是不能只以奶服人的。

所謂惻隱之心人皆有之，而女人嬌弱起來是不是又更讓人想加以疼惜，所以之後只要孩子一睡我就一副累到要往生的樣子，像西施一樣捧著心洗奶瓶，洗完還要去折衣服收桌子，睡前還要擠奶我身體快承受不住了啊（嬌）。原以為他會來幫辛勞的太太完成家務，沒想到他只會假溫情地說那妳早點休息啊，然後呢，早點休息明天再整嗎，那還不是要早起你他媽有沒有人性，出一張嘴誰不會（也不是，很多老公連出一張嘴都不肯），於是這個計畫又宣告失敗。

最後我是如何感化老公的呢，我想通了，老公不是男朋友，男朋友才會聽妳的暗示猜妳的心關心妳身體狀況，老公只在意他追的劇更新沒在打的電動對手有沒有上線，為什麼呢，因為妳是煮熟的鴨子飛不走啊。但反正老公晚上也沒在做什麼大事，打斷也不會怎樣吧，於是我改用命令句：「你，去洗碗」、「你，去洗奶瓶」、「你、去倒垃圾」，老公老大不情願但還是會去做，雖然有時會說等一下，但過三分鐘那一下就到了妳就再叫一次叫到他動，動嘴比動自己的手輕鬆多了啊。

好了這個小祕訣分享給大家，教了半天結果用叫的想想也真是

悲桑，不過無論是對老公還老婆，想什麼就直接跟他說才是相處的不二法門。是說我本來是寫男人女人的，後來改成老公老婆，因爲交往時男人還會猜一下女友，婚後真的是某摳零。

　　但也千萬不要覺得下指令就有用哦，曾經發生一件讓我覺得遺憾不已的事，我某晚交待工程師一件事隔天交代另件事，明明是兩件完全不相干的事哦我自認爲有講清楚，結果花現他搞砸了因爲把兩件事混在一起，原來對付老公就是連講清楚也沒有用的啊（悲）。所以要把指令簡單化，妳千萬不要說「晚上你先洗完碗把廚餘整理出來然後去倒垃圾」，這指令太複雜了老公腦無法運算（打死），雖然我等太太會認爲洗完碗後才會有些廚餘嘛，把那些整出來再倒垃圾這不是很正常的一條龍作業嗎？有什麼好交待的，對不起，對付老公妳就是要交待清楚，所以你先要說「你，去洗碗」，洗完叫他去把那些東西清出來跟垃圾放一起，此時不要忘了說資源回收也要整哦，不然老公肯定會遺漏了它棉。差點忘了洗碗還有一個小貼士，就是要說鍋子記得洗，不然老公九成九只洗碗不洗鍋。但洗鍋又有一個小貼士，就是千萬要說鍋蓋也要洗，不然隔天妳就會看到一個髒鍋蓋。

　　總之教老公跟教小孩一樣，不要把所有事都講完要一件件分開講，不然爲什麼以前有個日本節目會拍小孩子出去買東西，因爲把所有事一次告訴孩子他們會忘光或是記憶錯置，看小朋友在路上發

生了什麼事就是節目的笑點。不過因為他們是天真小兒講話還臭拎
呆，發生什麼事都可愛又好笑，而老公是成年人了什麼事還記不起
來只是可恨又會讓人起殺機。婚姻很脆弱是禁不起這些事件一再摧
殘的，所以為了維繫婚姻和諧事情要慢慢講一件件講，千萬不要以
為老公在公司呼風喚雨在家腦袋就很靈光，他的心不在家裡那是遺
留在愛琴海嗎，不，他根本沒去過愛琴海，他的心都在電視上手遊
上啊～（打死）

　　最後提醒大家千萬不要覺得老公會自動自發，莫等待莫依賴勤
勞的老公不會從天上掉下來。凡事一定要下指令，今天老師教大家
的都有聽清楚嗎，祝大家婚姻駛得萬年船啊～

叫我如何 ✦
不掃興

有次聽說一個朋友興沖沖地買禮物給老婆，是一份精心挑選也覺得是老婆最近心頭好的物品，孰料東西還沒拿到呢就被嫌不會挑浪費錢，碎唸個老半天一直叫他退，友人被潑了一個大冷水心情<u>糾美送</u>，連帶我也氣起來這女人也太煩了吧，難得老夫老妻了還有這份情趣，人家的心意妳就好好收下不行嗎臭三八（戳太陽穴）。結果當晚老公回來，追問我跨年外宿的事我閃躲我逃避我裝忙略過。咦我跟上面那位臭三八有什麼兩樣，臭三八還比我直爽多了呢。

事情是這樣的，有天他很正色地跟我說我可以跟妳商量一件事嗎，太太聽到這種開場白總覺沒好事，心中千頭萬緒想說這個<u>忘拔蛋</u>該不是要把兩孩子都丟給我，自己出差一禮拜吧？還是他出了什麼包要跟我借錢，不然仇家會來砍斷他手腳筋？但他太天真了他在家根本沒用到什麼手腳斷就斷我不會借他的。<u>囊道</u>他要回他娘家也就是我婆家（此時阿咪老師按了個「<u>登楞</u>～～」）（這算壞事嗎我該死我無良（掌嘴）），亂想了半天結果他跟我說跨年想全家出遊外宿個幾天，都打定主意了也找了幾間飯店，最後關頭怕我嫌他不會挑，所以要請本宮核示一下，原來是這事兒啊（放下心中大石）。

各位可能不<u>雞道</u>跨過一個年那天正是在下的生日，而老公幾乎沒在幫我過生日的，我生日對他來說一直是平凡的一天他從不放心上，許是被我<u>靠夭</u>過幾次這次想幹一票大的。有這份心思是不是應該<u>港動</u>？對不起我無法，因爲<u>溫刀</u>有兩嬰童外宿是大事，但老公會

這樣安排不意外，有陣子我住國外的<u>姊接</u>回來我們常舉家外宿，每次他都能一直睡午覺滑手機大半小時便我也不會去敲門，老夫老妻還有機會手牽手去看電影重回二人世界，這是產子後根本辦不到的事啊。

但為什麼呢，還不因為我姊和我媽有去，我姊帶著長子我媽顧著次子，無良父母自然有機會逍遙約小會，也因此他對外宿存著好印象吧，可他忽略一件事，這樣美好的出遊經驗完全是因為有攜帶我（瑪）姊（麗）我（亞）媽啊，也就是帶著佣人出門ㄟ意屬，當然開心快意回味無窮想到都甜美。而只有我們一家人的旅遊呢？先說明一下工程師的旅遊只是換個地方睡，是去飯店享受悠閒和設施，不是那種在外面跑行程的，也就是全家關在一個旅館房間裡，換個地方帶小孩這樣那個地方還不大，這真的不用從長計議嗎？

正當我想搖他肩膀要他給我好好想想的<u>摸們</u>，想到有本兩性書說維繫婚姻之道就是不要做掃興的伴侶，要感謝要讚美要說親愛的你好棒棒（投入懷中），連老公洗個碗都要說親愛的謝謝你幫我洗碗，我__你媽的碗是我的嗎什麼叫幫我洗碗啊（捏爆滑鼠）。如此<u>假掰</u>做作就是維持婚姻的<u>奧義</u>嗎那我這樣遲早婚姻破裂，還是姑且答應他，讓他在客廳抱著我旋轉飾演一對恩愛夫妻呢（演太過）（是說也很難抱得動）。

於是我幻想了一下那幾天可能的狀況，孩子在小房間就是充滿新奇什麼都要翻一翻，冰箱抽屜能開的都開，對了飯店那些東西還放得特低，桌子也是一個剛好撞嬰兒的高度，應該是全場充滿喝斥聲，一直在大叫你不要翻這個你不要動那個，抓著小的吼大的，沒帶瑪麗亞的出遊，只不過是從在家罵小孩改成出門罵小孩吧？晚上全家睡在同空間連門也妹有，一個孩子哭就吵醒全家，不對爸爸不會醒，是一個孩子哭了吵醒另一個，然後媽馬起來拍小孩父親繼續打呼，連住幾天我會精神崩潰，最後只能拿枕頭悶死他（小朋友不要學）（大朋友也不要！！），讓他客死異鄉也是亂不好意思的。

於是我又多逃避了幾天，孩子的爹一定在想我真是個雞歪掃興的女人吧，但男人啊在嫌太太時要明白一點，是你寄己先白目不會想我們才會掃興的，沒長腦子再來怪我們不懂情趣安捏干丟～

如何激活婚姻？

　　有天亂換臺看到一個綜藝節目，請了很多人妻問大家看到哪張照片能活化婚姻，身為婚姻如同死灰的臺北市宅太太（眼睛打黑帶子），我立馬看了下去想說是不是也看一下讓我的死灰激活起來，結果兩張照片是什麼呢？分別是夫妻裸著上半身抱在一起，以及老公在幫老婆吹頭髮的照片，看完我的婚姻還是沒有復燃，果然想靠一張照片救婚姻洗某摳零ㄟ逮擠啦做人不要太天真。

　　我想兩張照片想傳達的意思是生理面和心理面吧？就裸上身的意思是轟轟烈烈地辣個（哪個？）吹頭髮則是回歸戀愛時，兩人甜甜蜜蜜的，明明該自己做的事對方還要幫你服務這樣。我想了半天覺得肉體激情在婚姻中雖說不能沒有但也沒很重要（吧）甚至有時候很煩（對我來說啦），有小孩後更是如此，晚上孩子睡了好不容易得空，而且也不是真有空哦，是有時間整理家務洗個奶瓶做做孩子醒著時沒空做的事，這時先省跑來身邊磨蹭是怎樣？看不出來老娘正在忙嗎！你不幫忙就算了還想占用我時間，然後一陣無味的那個和這個後（哪個和哪個啦）（還要堅持無味，這是誰的問題呢），你呼呼大睡我起來後想到奶瓶還沒洗只好再進廚房，這對婚姻有幫助嗎一點也妹有啊（怒）。

　　但我很堅持不是只有我不想，我訪問過很多民間的太太（約莫兩個，甚至沒到三加一位），她們其實都不想，我認真地思考為什麼胎胎們對辣個如此淡然，除了晚上還有很多家務要做老娘很忙

外，婚後男人就不會再因爲想著晚上想把妳推倒，而在白天就費盡
心機安排約會了。老公整個晚上不做家務吃完飯就滑手機玩電腦穿
著四角褲偶爾還把手伸進褲子裡喬一下雞雞（好有畫面，妳心中也
有了這幅圖了吧？或是妳天天看到早已無視）（不過生了兩個男娃
後我知道那是因爲囊部的皮會黏在大腿上，或是把雞雞和囊部和大
腿三樣東西黏在一起，下面結歸球所以男人才愛把手往褲子裡伸，
完全是可原諒的，畢竟男人不像女人可以戴奶罩，好讓胸下緣不要
黏著胃啊）（離題！）。老公平常對家庭沒有任何一點貢獻想辣個
時就把手伸過來揉兩下（揉哪裡），這讓人怎麼會想要有與之性交
的心情呢？

　　回到節目上（跳一下），再說到吹頭髮，只有浪漫的少女才
嚮往這個吧，成（雞）熟（歪）的女人比如我，想的是除非你是
Kevin 老師，不然我壓根不希望你碰到我頭髮，你懂得我的髮流嗎
知道怎麼吹才會不毛嗎？吹頭髮這種事當然要自己來啊！有心的不
然就給錢以及自告奮勇帶小孩，讓我出去給人做頭划，那我才會覺
得有點溼溼的啊（哪裡啦！）。那天那個節目好像請了很多太太去
舉牌，大家還真選了沒有翻白眼，上電視的胎胎們都好好相處哦，
我才不相信看了什麼東西能活化婚姻呢。

　　好吧可能有，看了什麼電影或浪漫點的東喜有可能心裡會想一
下從前對愛情的渴望，但回家看到老公那副死德性這婚姻又死透

了，不但成灰灰還飛走了，多年後一回神發現婚姻這座墳上的草已經長得比姚明還高惹，不過不要灰心（這還叫人不要灰心！），妳不寂寞大家都是這樣走過來的呀（才不是！！）

　　不過身為婚姻燈塔（誰封的）當然還是要提出有建設性的東喜，我想想什麼照片能活化婚姻呢，應該是老公揹著一個孩子做家事的照片吧，不然起碼拿出一張瑞士銀行的本票推向我（他是賭神我是新加坡賭王的概念）（好老的比喻啊），光想到這我就激活了啊（揉身體），老公不妨勇敢地試試看，婚姻會回春的唷。

已婚人士 ✦
專屬 A 片

　　有天我被一個影片點到笑穴，標題是「已婚人士專屬 A 片」，請不要誤會內容不是你想得那樣（那我又以為你想了哪樣），內容是有位太太看到 A 片清單裡有素人／月工交等選項，其中一個是已婚人士一時好奇點進去看，結果內容是太太下班回來看到丈夫在吸塵／看電視時先省把選臺器給老婆請她選擇想看的／主動約丈母娘來家裡一起逛市場⋯⋯等等，然後在看的那位太太就溼惹，良家婦女可以說這個嗎好像不太妥，總之她的梅雨季就來了她溼透了啊。

　　我貼出來後人妻朋友都說笑死了，也有些未婚人士看不明白問說這什麼啦，也難怪，沒結婚的怎麼會懂我們，你永遠不懂我傷悲就像白天不懂夜的黑，那天才在和幾個人妻朋友討論，婚後看到老公的肉體再也不會有感，像前陣子天熱，晚上我們又熱又累又黏又為家事操煩，這時老公貼上來只想扭斷他胳臂，哪裡來的風花雪月？事實上老公根本不用貼上來，他只要發出呼吸聲我就煩躁不已了啊（安捏干丟）。

　　就算天不熱好了，天天回到家就看到他倒臥在沙發上，叫他五次他才能動一下還伴隨不耐煩，這樣叫太太怎麼會有慾火，不像戀愛時有時站起來都會不小心被自己滑一跤（我在說什麼）。婚後太太再也沒雨季，我們是夏天正午的操場，萬一不小心有放大鏡跑到我和太陽的中間（放大鏡怎麼會寄己跑來）（此處的放大鏡是影射先省），我頭殼轟的一下就起火了啊～

　　好吧其實有天我和惱公不小心有了一點點浪漫的火花，是這樣的，那天爲了弄小孩太忙太累沒吃飯，晚上我們就買了之前很愛的鍋底，孩子睡後兩人開著電視煮起火鍋，這很無聊是吧，但這是奪麼平靜的幸福，有孩子後吃飯根本像打仗我個人還不受控地生了兩個，在家就是忙得團團轉，出門則大的要管小的要抱，我們多久沒好好坐下優雅地吃頓飯聊聊天了，這機會可遇不可求啊！

　　老公應該也是覺得太浪漫了吧（多心酸啊我們），明明可以吃了硬要等我一起，還打算選部電影說我們好久沒一起看電影了，來邊看片邊吃火鍋吧，這是奪麼危險的信號，這劇情再演下去我恐怕要生第三胎了不可以（腿夾緊）！

　　但老公就是有辦法把雨季變成乾荒，把可能大開的 V 字腿變成奪命剪刀腳，老娘想剪斷你咽喉啊喀嚓。因爲我一坐下來他開心地點了他選的影片，一般說來你要不選個我想看的，至少選個不錯紅的電影嘛，當媽的我什麼都馬沒看過，隨便挑部大片對我來說都新鮮啊～可是那廝選了一部影集，要是部新的不錯的也就罷瞭，偏偏挑了部他寄已看到一半的影集他要繼續看下去，我從來沒看過他也知道，希望我入門從此後可以比翼雙雙飛至少從頭看嘛，死活要等我來一起，然後放一部對我來說沒頭沒尾的片自己還很投入，到底爲什麼呢我不明白啊。

　　這麼說來有天次子在我身邊哭老公打開房門把他抱走，我也覺得血脈噴張了一下（揉身體），然後隨即就睡了（媽馬太累）。起床後看到孩子房一地亂長子在大量進食他不該吃太多的東西，次子在吃地上的紙而他們的老北在打呼，重點是，包了一晚的尿布也沒換，重到整包垂到了膝蓋，奇怪了你不打算管他幹嘛要抱走，想著想著我就又動了想掐死他的念頭惹。結論是老公就是沒法讓人感動超過三小時的生物啊！妳的也是嗎，這個同溫層很大的比 101 還多層，就認了吧（淡淡）

　　所以為什麼已婚人士的 A 片中，先省不過做了些小事就能讓太太揉身體？這感覺未婚的妳不會懂但我懂，因為婚後先生很難做對一件事啊（含淚）。回想未婚時的我，偶爾也是會含些別的東喜的（含了什麼呢），婚後卻只能含淚含辛茹苦含笑九泉，這是什麼呢這就是婚姻啊～（輕吐菸圈）。

從紅衣小女孩 ✦
看婚姻

　　電影《紅衣小女孩》是近年來超賣座的國片，大家多少都看過吧。但實不相瞞我其實是工作需要才不得已去看的，因為我本身是個臭俗辣，非常怕鬼的臭淑娜，我怎麼會主動去看鬼片呢某摳零，可接了案子為了工作情非得已一定要看，只好約老公陪我一起看。而這戲一開始就讓我感觸很深，男主角阿偉跟交往五年的女友怡君求婚，怡君沒答應我覺得她真是個充滿智慧的女人啊～

　　話說我是個極少要求老公陪我一起看什麼的女人，回想起來應該是結婚以來的第三次吧（如此精準可見有多少）。一般來說男性被女性要求同看應該是歡天喜地的去啊，想當初未婚時連《慾望城市》這種，全戲院只有女人和不愛女人的男人在看的電影，他都開開心心地陪我看呢。雞罵咧，叫他陪我他說他沒空，在忙什麼呢一個晚上明明都在沉迷手遊，沒空個屁！隔天又叫一次該男子不情願地陪看，邊看依舊邊打手遊，讓我不禁問蒼天婚姻是什麼，是一個活生生的男人被石化的過程吧？而且我幹嘛要人陪看呢，其實是希望他看就好再告訴我演了些什麼，可他根本沒在看啊。另外要寫男人打手遊這幾個字壓力好大哦，會忍不住一直去檢查遊字有沒有打錯，就算沒打錯自己看著看著也會看錯，就像寫完跳蚤也會一直檢查有沒有寫成蛋，這幾個字真是太神祕大家是否有跟我一樣的感受（大離題）。

　　媽馬有多忙妳當媽就知道，我這是趁二子入睡才有空看的，並

且我不可能可以坐在那好好的看個東西我不可能，孩子睡了我才有空做事啊。於是我邊看還邊掃地拖地我好忙，而那位石化了的<u>先省</u>呢？他要是真被石化我還省心，我才清完地看他很自然地在桌上摸到個什麼小東西順手拍到地上，此舉無異是點燃了我頭上的引信。對，太太頭上有引信哦不信你仔細看，接下來吃西瓜，叫他拿個盤子就著他說他不會掉，才說完就被我看到西瓜汁滴在地上，我的引信很短的立刻爆炸<u>瞭</u>，一部電影不過一個半小時，還撐不完我就爆了，這是什麼呢這就是婚姻哪（是我的婚姻吧）。

回到戲上（跳一下），戲裡一開始兩人在裝模作樣介紹房子時，我就想說他八成買了要求婚了吧，果然，而且女主角也沒讓我失望，她生氣了就像正常女生一樣（才沒有）。我個人覺得電視電影應該少演一些那種男人拿出戒指女生落淚答應，然後就擁抱她旋轉的戲碼，這會讓男人覺得這是女生的正常反應。其實才不是，房子要看地段更長遠要看學區看離長輩近不近，離婆婆太近可能要打鑰匙給她離婆婆太遠去了就得住下（整個人生都在糾結這個），但有小孩後附近有長輩可能方便些，最現實的考慮是爸媽都在上班的話至少有人可以幫忙接小孩放學啊（真的想很遠）。

總之男主角自作主張訂了他能力所不及的房子，女主角大怒說你家人一定覺得是我叫你買的，這真的跟現實生活很貼近，婚後所有老公做出來的讓他<u>寄己</u>的爸媽不悅的事，公婆一定覺得是媳婦兒

唆使的。媳婦的使用說明書上有載明（並沒用這種東西！）此物是專門用來揹黑鍋的，為了怕天下父母對兒子失望覺得兒子耳背叫他幹嘛不幹嘛，凡是兒子沒做到的事，全都是媳婦叫他忤逆的，怎麼父母永遠沒想到兒子就是讓人失望就是耳背就是叫他幹嘛不幹嘛呢（天哪我有兩個兒子！！！（抱頭））。

最後我想說的是怡君我支持妳的決定（拍肩），婚不結是真的沒什麼關係的，男人也不要怕娶不到老婆急著買兇殺我，我也想告訴你們婚不結真的<u>沒關泾</u>，就拿電影情節來說，怡君不是組了搜救隊上山找阿偉嗎，那是因為他們沒結婚啊，要是婚結了怡君應該會覺得老公丟了就丟了，「ㄟ～老公不在家家裡好清幽廁所都不臭了呢」怡君心裡這樣想著，然後阿偉就只能在山上跟紅衣小女孩<u>做夥擠系郎</u>了，這是你要的結局嗎。想想這真是一部讓人看透人生看透婚姻的佳片，推薦給大家一定要去看哪（只是它下檔 N 年了啊）。

馭夫術 ✦

　　有天發生了一件讓我沮喪的事，溫ㄤ問我要不要參加他們公司尾牙，我問他在哪，因爲想縮是我想吃的東西才要去，他說在某飯店但不知哪一廳，我請他去打聽後告訴我，我再來決定要不要跟，這事就這樣沒了下文。後來有天工程師告訴我尾牙要去吃把費那一廳，我開心的說哦耶那我要吃很多燻鮭魚，他一聽大驚說妳要去哦，妳沒說啊我沒訂妳的位，大家評評理我是不是沮喪有理？這樣的男能真是讓我感到萬分沮喪甚至開始懷疑人蔘哪（輕吐菸圈）。

　　我分享了尾牙案例網友的留言排山倒海，除了覺得工程師怪奇外，也有人分享了自身經驗告訴我天下老公一般黑要我勇敢地走下去。是有多黑呢？有位太太說中午吃飯她叫老公勾蛋花湯結果他勾成貢丸湯，晚上她想吃烏龍麵老公點成鍋燒意麵，這一整天就吃了自己沒想吃的食物但買對東西有這麼難嗎？要買對東西可能真的很難，因爲有位網友說月子期間她想吃肉圓結果老公買了湯圓，回來還不知道自己哪裡不對，臥的田哪我都不知該怎麼說了。

　　有人說老公買錯就算了還硬拗說這比較好吃，這件事我也遇過，就是叫老公去買黑胡椒麵要攪著蛋，他第一次買了上面鋪了個全蛋的，我說不是不是的我要把蛋和進去，他答應後隔天買回來又是一顆全蛋，我說你又買錯了我要和進去啊，他說啊我怎麼忘了。再下一次他出發前我一字一頓與之交待我要黑胡椒麵和蛋，結果呢，拿回來又是一顆荷包蛋我對這個世界很絕望，問他爲什麼可以

同個錯犯三回，他竟強辯說和進去不好吃，我管你覺得好不好吃我就是要點這個，錯就罷了還頂嘴這樣的老公應該塞入鐵桶灌滿水泥丟進大海中啊（訂購水泥）（還在 24 小時購物買超急 der）。

　　綜合以上，也就是縮跟老公相處就算下了明確的指令也是不夠的。說到下指令，有次我請老公看一下兒子有沒有大便大了要換，他回報沒大就沒換，沒五分鐘我回頭看到兒子那包大到炸開美蘇包屁衣底下塞了一顆山東大饅頭，但老婆的指令是大了要換啊，所以沒屎就算滿到溢出來也不能換，這時候就又一個指令一個動作了我該拿老公怎麼辦。

　　婚結了這麼久，我至今無法了解老公對指令到底是抱著怎樣的態度，有時候完全不聽又時又聽話到我不解。有次他開車，我跟他說那你就去拿這個買那個送這個（到底是哪個），正常人聽到這種事情會自己排順序吧，就是不然從遠的辦回來不然從近的辦過去嘛。但他會根據我給他的順序來執行，即便這樣大繞路他也在所不惜。我問他幹嘛這樣繞來繞去他會說那妳不是這樣說嗎，我其實就是交辦三件事，順序你該自己排好啊！！

　　有次更誇張，下班後我去找他跟他說我們要帶兒子去打預防針，特別交待了診所位置還蕊了一下停車問題，結果他就直直地往那駛去了，完全忘了沒接兒子只記得老婆的指令是去那間診所，如

果我不在車上我看他自己就挨針了吧，因為老婆說了今天要來這間打預防針，可兒子沒來我只好自己打了，應該會這樣想的吧？還仿照兒子脫下外褲讓醫生打在大腿上，然後就被轟出去了這樣（自導自演得太完整），這人到底有沒有在用腦子用心過生活呢？

　　所以我們做太太的如何馭夫呢，依我看就不必了，只能接受一敗塗地的人生，重點是他不是見招拆招型的哦他根本沒有誠心想反抗妳，就純粹做不好而已。這讓我想起以前看到的一部戲周海媚演的《倚天屠龍記》（好老派的舉例，應該有三十年了吧），她演的周芷若後來人生路走偏了變成一女魔頭，常常想殺了張三丰，張三丰是常楓飾演他那時應該九十歲了吧，所以導演根本不可能安排他在那舞刀弄劍吊鋼絲不然會被移送法辦的，所以就老看到周海媚渾身解數忙進忙出用畢生功夫在對付常楓，可常楓只要站在原地動也不動偶爾揮一下手中的拖把，周海媚就說算你厲害然後負傷走掉。

　　對付老公就是這樣的港覺吧，如果妳常覺得很受傷那就是妳的道行不夠，我們的爸爸媽媽也不是感情特別好，而是老木結婚四十年就修行了四十年（但會雙修只有前三年）（連媽媽的玩笑也要開安捏干丟），現在盤腿坐著都會飄浮在空中，所以看什麼都雲淡風輕不動氣，而我等道行太淺，只會氣壞了自己而老公什麼也不知還在滑手機。所以就別想什麼勞什子方法馭夫了，我等太太只能加強修為，讓自己看什麼都雲淡風輕吧（敲木魚）。

班傑明的 ✦
奇幻旅程

　　有件事明明我已說過千百回，但還是很多人會不停地問我，今天就再說一次希望未婚女性不要再問為什麼了<u>厚嗯厚</u>。

　　有篇講婆媳問題的文章裡面提到婆婆對媳婦說過最讓人崩潰的話，有一句是「他不吃水果是因為妳沒削啊」，這話我超有感觸<u>der</u>眼淚都要流下乃，千萬不要誤會我婆婆人很好她並沒有對我這樣說過，會這樣感慨萬千是因為我老公也鮮少動手處理水果，不管多愛吃我要不切他就放那兒放到它爛。

　　比如中秋季不正是文旦的季節？我個人是文旦狂熱份子季節一到拼命買，買了後才發現只有我在吃老公一口也不碰，多次問他你不愛文旦啊他都說沒有啊，但就是從來沒想到要去吃我也不<u>雞道</u>為什麼。有年我很賢慧學會把文旦剝好端上桌，然後就發現剝一顆他吃一顆剝兩顆他吃一雙直說好吃極了完全沒在客氣，原來文中的婆婆說的沒錯（重申，不是我婆婆！）他不吃是因為妳沒削，原來都是我的錯。

　　但有時削了也是沒用的，比如妳削好放冰箱，如果沒有附上叉子端出來放到他老爺眼前有時也是不吃的，問他幹嘛不吃他會說不知道有，明明開關冰箱千百回但目光所及只到啤酒，這是什麼呢這就是老公（嗯，或我老公）。衣服要幫他拿好不然每天都穿同一件，鞋子爛了襪子破了不會去買，只會說「老婆，我鞋子底都裂了」，

我心想告訴我有用嗎你要缺鞋自己去買啊跟我說幹嘛，如果不幸用這副破爛樣回到婆家，婆婆又要心疼兒子破破爛爛都是因為媳婦沒幫他換吧，你他媽都是個成年人了，我要不要餵你吃飯幫你擦澡喝完啤酒幫你拍嗝啊。

　　而每次當我寫出這些事電視機前就會有一些少女說這樣的男人妳也嫁得下去，好像我識人多不清遇人多不淑，眼睛都是蛤仔肉撿到這個我活該。但事情不是這樣子的啊傻孩紫～哪個軟爛的老公婚前不是女友奴呢？結婚前溫尢可是得意地說他超會削水果，常常切出水果盤裡面三樣起跳哦，削好排好只差沒做果雕下面還放乾冰，像 KT 威一樣讓水果騰雲駕霧地端出來呢。

　　曾經以為我真是個幸運的女孩，婚後才知老公下班只想攤在沙發上滑手機，以前的內個辛勤的服務生現在需要幫他在脖子上掛個大餅他才能維生，婚姻對男人來說就像《班傑明的奇幻旅程》吧，會讓他退化越活越回去，最終變成一個生活無法自理的人類。

　　男友跟老公就算看起來是同一個人，但骨子裡他們根本不是同一人，應該是被調包成懶散的雙胞胎弟弟了吧，意思是跟宋逸民交往結果嫁給宋達民安捏（此例不妥）（但我還真沒看過比他們還難分的雙胞胎了，要像成這樣才能偷天換日啊），也像在淘寶買東西，樣本照跟實穿照會差很多。想到有網友私訊說交往九年一直美滿，

孰料結婚才三個月就覺得風雲變色跟戀愛時都某港款，只能告訴她這是正常的，妳不寂寞的啊（摟）。

　　這不就是為師的在書中一直強調的，男人婚後會變嗎，其實不光是男人太太婚後也會變的，對外表可能不再像以前那麼精雕細琢了脾氣也變壞了，先省私下可能也在靠杯太太性情大變，只是男人內斂又比較志在四方（或沉溺手遊），才不會像我們娘兒們（或其實只有我）這樣嚷嚷吧？反正婚前婚後是不可能一樣的，不是我們不會挑，實在是男人變（退）化太快了啊，結婚讓女人進化到十項全能，也讓男人進化到能充耳不聞，所以不要再問我為什麼這人這麼廢妳還要嫁了，接受它面對它妳會試著想處理它最後只能無奈地放下它，這是什麼呢這就是婚姻。當然不是全部，也有很多始終如一的男子，可看我文章再看下面的留言，就會明白大多數老公是一群複製人，也就是縮換一個很有可能也還是醬，那不如就忍下吧。

　　最後雖然很多老公討厭我，可最近也收到不少暖心的留言，說老婆說「你跟羞昂的工程師有什麼兩樣」／或是「幸好你比工程師好點」，他們謝謝我為天下老公樹立了新低標，讓老婆不再那麼靠杯甚至有時會感恩，你看，就說我表面憤怒實則是在維繫天下婚姻吧，老公同業工會不要再為了買兇殺我辦募款餐會了，我其實是促敬婚姻和諧的一大功臣啊（挺）。

Special Talks

宅女小紅 × 工程師

居家對話實錄大公開

· 妻 ·
宅女小紅

老公究竟是天生白目，
還是一切情有可原？

· 夫 ·

工程師

老公的心事誰人知
今日就讓我說個分明！

若宅女小紅是媳婦的燈塔，世間媳婦最佳代言人，工程師就堪稱全逮丸老公的集合體，替全天下老公擔負了眾媳婦的怨氣與罵名。但令宅女小紅傾心不已的是，工程師從未因日漸走紅而改變自己，依舊不改初衷，甚至在白目的這條路上不斷精進自我突破，是一個和自己賽跑的人。

糾竟這樣一位不羈的男子內心想法是什麼？面對太太諸多指控他是否有話要說？本刊為維繫婚姻家庭和諧以及平衡報導，特別成立老公白目事件調查小組深入訪查，工程師首度親上火線，面對天下媳婦心中疑惑，一次說分明！

●採訪 = 老公白目事件調查小組　　●宅 = 宅女小紅　　●工 = 工程師

Q 宅女小紅曾提過自己剛結婚時把老公照顧得無微不至？

工：其實我不是一個……

紅：有靈性的人？

工：我不是一個一直被這樣照顧的人，所以老實說一開始有點寵若驚，什麼事都不用做，茶來伸手、飯來張口，但果然，好日子沒有過太久。不過本來兩個人一起生活，沒道理都要另一個人幫你做事啊。

紅：你明明是喝完水就把杯子放桌上的人。而且喝水一個杯子，喝咖啡一個杯子，喝酒又一個杯子，但都不收。

工：你們不要聽信她的片面之言，怎麼可能沒杯子可用我還沒發現是我自己用完了而不去洗呢？千萬不要相信這種不實的網路謠言。我是喝完就把杯子放在桌上沒錯，但我又沒有叫太太去收，我不是不收，我只是還～沒～收～

紅：（攤手）

Q 太太轉變的關鍵應該是生了孩子以後吧，工程師要不要談談自己當父親的感想？

工：當媽媽真的很辛苦。

紅：你好矯情喔！你如果真的覺得媽媽辛苦你就不應該整天躺著啊！

工：各位觀眾想想看這合理嗎？怎麼可能整天躺著呢？

紅：但只要在家帶小孩你幾乎都躺著啊。

工：你知道嗎？現在小孩大了有個好處，就是可以幫我作證，我真的不是一開始就躺著的，躺下是因為真的太累了。不信問我兒子吧！

Q 說到躺著，關於您著名的事蹟之一：臥倒在未疊衣物上方一事，請問您的考量是？

工：老實說我不會疊衣服，應該說我做得不好，但除了疊衣服以外我都可以做。我也不是故意睡到衣服上面的，我都會推開再睡的，那實在是衣服太多，我推不動了。

紅：我還以為你是睡在皮沙發上太悶熱，所以用衣服墊著呢。

Q 請問工程師針對太太控訴自己上廁所上很久一事有什麼想回應的嗎？

工：你不覺得，一天如果能有 15 到 20 分鐘與世隔絕的時光，這不是挺好的嗎？

紅：只有 20 分鐘嗎？

工：其實是因為小孩在的時候我不太

會滑手機，他們會纏著我，我也不想讓他們看手機，所以最後只能趁上廁所的時候滑。

Q 所以承認自己是在廁所滑手機嗎？

工：是。但現在我如果說我要去廁所，太太就會叫我把手機交出來。

紅：然後他就說他不想上了。

Q 再請問工程師婚後就不再切水果一事是真的嗎？

工：這種技能不會因為結了婚就不見了的吧？其實是這樣的，切水果時間我都要負責陪小朋友所以不是我切，如果太太不在，我也是自己切的，也會切水果給小朋友吃，但都會被太太嫌，因為我有個毛病，就是會弄得太精緻，切個水果我會弄得東西太多。

紅：對，他有這個問題。爸爸負責切水果的時候會切得太細，連果籽都挑掉，但我猜不是他細心是他懶得教，

工：
「你不覺得，一天如果能有 15 到 20 分鐘與世隔絕的時光，這不是挺好的嗎？」

紅：
「只有 20 分鐘嗎？」

因為如果要訓練孩子自己吃，會更花時間。我主張孩子該自己學著做的就要自己做，但爸爸很少遭遇孩子因為習慣大人幫他做好而一直耍賴的後果，所以才會做這樣滿。另個例子是看電視，我沒事不會給小孩看電視……

工：我也沒有讓孩子一直看電視啦再說其實會近視主要是因為用眼習慣問題，現在液晶電磁波也很低。

我覺得孩子一天看一小時電視 ok 啊，有些知識性的內容的可以看。

紅：他會因為懶得理小孩就放電視給他看，導致長子有陣子沒事就一直吵鬧著要看電視，我得讓他親身體驗這個狀況，他才會明白他不能隨便給孩子看電視。後果都是比較長時間相處的媽媽在承受，父親就是這樣變成教養殺手的。

Q 如今工程師被網友譽為老公界的新低標,對這個美名您的回應是?

工:我覺得這樣很好,我願為全天下男人揹上十字架,讓其他人看到最糟的狀況⋯

紅:你沒有那麼糟啦!其實我們家大部分小孩子的事情都是他做的,如果他在我連尿布都不換直接叫小孩去找爸爸。但大家都會忽略這件事情,而且我後來發現每個人在意的點不同,其實我會寫出來的事情都是我覺得好笑的,不是真心覺得什麼嚴重的大罪,沒有諧趣的點我就不會罵,我不希望大家看了以後心中充滿怨恨。

工:被寫還好啦,反正搏人一笑嘛。因為她只會寫事情喜劇性的部分,連我自己身為主角看了都會笑出來。其實在跟她結婚前我就已經有所覺悟了,知道自己的戲份遲早會出現。我也不會太在意網友的反應,罵我或稱讚我都無所謂,但如果看到人家稱讚我的兒子,那就會發自內心的開心。

工程師：「凡殺不死我的，必使我更強大，就讓我替全天下男人揹上十字架……」

紅：對，只要我貼兒子的照片他就會一直刷臉書看大家的留言。而且我也沒有什麼事情好寫了，因為生活太平淡了。

工：沒關係，我還可以再自我突破喔（爽朗）。

逆媳 2.0 之進化思維

● ● ● ● ●

往事不要再提 人生已多風雨

結婚證書抹不去 如意郎君只在夢裡

要忘了過去 讓明天好好繼續

不要再逼問老公腦在哪裡

媳：為何你 不懂

婆：他真的不懂

媳：如廁只需五分鐘

婆：他事情比較多

媳：有一天你會知道 坐痔瘡會屁股痛

婆：買水果

羞昂伴唱

《當愛已成往事》

詞：內湖小林夕

HOMEBOUND STONE

The Challenging
Journey of a Daughter in Law

新年戰記攻略之逆媳返鄉傳

《新年戰記》玩家在返鄉路上的每個回合，應該都想過這些問題：我能
安然過完這個年嗎？我能全身而退不拿出離婚證書嗎？我明明對這遊戲
不狂熱為什麼每年都要玩呢！我們深入探討這個問題，並邀請逆媳專家
宅女小紅與我們分享她的獨家攻略。

宅女小紅
一代逆媳

玩《新年戰記》的時候，你將扮演遊戲
中的逆媳宅女小紅。

◆ **魔力** 5

🗡 **攻擊** 5

🗓 **血量** 5

◖ **能力** 沒有什麼特殊能力，只有一
顆鋼鐵般逆媳的心。

◗ **註解** 已從醉郎ㄟ新ㄅㄨ愛災斗力
的枷鎖逃脫放飛自我。

最讓媳婦們絕望的日子莫過於農曆年了吧（結果只有我這樣嗎），
但該來的總是會來再害怕也沒有用，只能勇敢的面對它。

你可能贏過幾場《新年戰記》，覺得你已經掌握了基本要領。讚喔！
不過請相信我，不管你有多厲害還是有數不清的知識和技巧等著你
去發掘、學習。快拉張椅子過來，讓我們坐下來聊一聊《新年戰記》
的基礎玩法和進階技巧吧！這個章節將介紹逆媳返鄉關關難過關關
過的闖關方式，提供新手太太們過年方針，老手不用看因為老手知
道這就是人蔘，一年就這麼幾天牙一咬就過去了啊（輕吐菸圈）。

不同於任何其他遊戲循序漸進，《新年戰記》最困難的就在一開始立即遭遇三大魔王攻擊，稍有不慎你可能連門都出不了。當你制定無懈可擊的作戰計畫，但最強的對手其實就是身邊的隊友。別擔心！天無絕人之路。就讓為師的教你如何在失去致勝關鍵後，以現有卡牌重組攻勢。首先不論你採取什麼套牌風格，只要原定計畫出差錯，就必須重頭來過。幾乎沒有替代戰術，只能用穩健的態度阻止對手趁機得勝，或是以怒吼施加壓力。務必考量各種因素。你絕對不希望自己出招時凸槌，因為就算充滿差錯最終還是得返鄉，沒有結束遊戲這個選項。

不要魔王

返鄉之路瞬息萬變，而孩子就是來討債的。

魔力 5　攻擊 8　血量 8

能力　連續發出不要不要的低吟，或是發動起床氣攻擊

註解　從半獸人進化成人的階段，開始有自我意識的孩子

通常發生於一切就緒準備出門前，
這個哭餓那個又拉屎。

✦ **魔力** 3

◗ **攻擊** 5

▯ **血量** 8

♡ **能力** 一秒拉出屎來

◭ **註解** 嬰兒抓了就走較好掌握

出門前說要洗澡出門前說想大便，或出門前還
穿著內褲一派悠閒。

✦ **魔力** 10+ ◗ **攻擊** 10+ ▯ **血量** 0

◗ **能力** 無論身邊發生什麼事都不動如山

◭ **註解** 什什麼都不做攻擊力已經破表，偽裝
成隊友其實是頭豬

為師的提醒諸位，過年期間就是愛探人隱私的堂嫂和不會看人臉色的三嬸以及本身是個臭三八的二姑肆虐的摸們，要想在《新年戰記》中勝出她們是不可能，只能做到全身而退。

英雄不怕出身低，建議就先點頭微笑告訴他你棒棒，然後努力考上醫學院以後的過年爭取值班（不能去 7-11 打工就好嗎）。

親戚比一比

在社會打滾多年我的感想是親戚你的代號是臭 38。

◆ 魔力　8
🗡 攻擊　10
🩸 血量　10

♡ 能力　哪壺不開提哪壺
🗡 註解　多半是想捧自己

《新年戰記》最大關卡看似是婆婆，但很多狀況只是生活習慣不同。實際上最大障礙往往產生於玩家看到婆婆的親骨肉在客廳抖腿捻翠秋，想起從前回寄己媽媽家時的時光，怨念就會在媳婦頭上形成烏雲～

因此這個密技要好好練習，也就是為了愛有些時候要裝一裝。女人嘛妳一定懂得裝___這件事（是什麼呢）（就是內個嘛（抖眉毛）），為了家庭和樂為了關係良好為了趕快結束去洗碗（咦），為了大局著想有時得裝一下，牙一咬就過了還能帶來很好的結果。另外別忘了，有些特定卡牌可以獨立創造出全新局面，例如訓練兒子早眠。

婆來神掌

過年的一切盡在婆婆掌握之中
妳逃不出她的手掌心。

✦ 魔力　6

🗡 攻擊　5

🩸 血量　7

❤ 能力　兒子做什麼都是對的

❷ 註解　因為是老公的母親，永遠拿她沒門

所謂養兒千日用在一時，在《新年戰記》返鄉第一關的阻礙到了最後也能逆轉成為致勝關鍵，遊戲到最後阻力會化成助力。我產子後回婆家根本是個廢媳，什麼事都不用做只能看著孩子，而且因為我兩兒子都被我訓練到九點就睡了，小孩在房間為娘就能堂堂正正地去陪睡，所以睡覺時間一到我就可以一起進房，也就是縮大部分的時間我都待在房裡呢（掩嘴笑）。各位媳婦，想快點結束《新年戰記》記得訓練孩子早點睡啊～

好了節目時間差不多要跟大家說再會了（其實是想不到其它關惹），年假回婆家就在一個個來不停的關卡中度過，回家以後不騙妳哦感情會增溫，因為脫離了那個環境（哪個）（哎呦哦就那個嘛～（絞手帕））（演什麼啦）會覺得自己家裡樣樣好，心裡想著哦哦老公帶我回家了他真是個英雄 oh my hero，但還是不怎麼想 he 囉就是（沒人問啊），這是什麼呢這就是婚姻哪。

對了（又回來），我跟婆婆感情很好的，這只是以一個逆媳專家（？）的身分為世間媳婦解惑，請隔壁的張（八）太（婆）不要多事把本書拿給我婆婆看感謝您。

愛睏金孫

婆婆魔王除了愛護老公更忍讓金孫，只
要把金孫握在手中，就是最強的一張牌。

◆ 魔力　8

◇ 攻擊　0

▯ 血量　3

♡ 能力　一秒變天使

▱ 註解　下藥是犯法的歹路不可行哦

寄己的兒子 ✦

　　根據統計，過年前會有太太想要離婚潮而過年中太太更是殺氣衝天婆家的天空上方整個烏雲密布，年後一切恢復平靜這家庭的一切回到正軌，回想起那陣子媳婦們的抱怨文以及惱公回婆家的表現（對，我還開檢討會），想說天哪婆婆的兒子（也就訴老公）（以及他的兄弟）（連大叔小叔一起罵安捏干厚？）回家就是一副死樣子，長輩跟他講話愛理不理坐在飯桌上還給我滑手機，吃完倒在沙發上收拾都跟他無關（甩巴掌）。像舍弟是天天睡到中午，起床就出門到夜深人靜才回家或者根本不回家，不回也不會先講一聲哦要媽媽打電話問要不要鎖門才表態（反手巴掌甩回來），怎麼這些兒子都如此這般的欠揍？反觀媳婦，戰戰兢兢地坐客廳（假）笑臉迎人有事搶著做有忙趕快幫，還是可能落了個被說閒話的下場（被害妄想症是有多嚴重），到底為什麼會這樣。

　　說到這我想起有次過年返鄉兒子身體不適半夜挫賽的事，深夜裡突然房子有怪味兒，仔細品味是屎而且還是感覺在腸子裡待過一陣子的陳年殘屎（我對它研究很深吧）！但孩兒還在睡哦，研判是腸胃炎吧不然小孩睡著怎麼會拉屎呢。為了怕打擾吾兒睡意慌亂的父母在黑暗中進行了一個洗屎任務，在密閉的房內打開潘朵拉的盒子（啊不就尿布）自然是滿房子臭味兒，加上是稀的（大家想聽這果嗎），不但臭而且像環珠格格一樣簡直策馬奔騰 everywhere（希望格格能淡化一下大家心中的屎味兒），最後滿房屎味散不去床單上還有屎屎遺跡。

　　老公怕我生氣把門開開關關的想弄點風出來讓味道隨風而逝，會這樣做我想是有原因的，因為一直以來只要他大完便不小心讓便味飄出來，我都會大怒說很臭耶，萬一不幸我急著要用廁所必須立刻進去，接下來會對他結屎面三天吧（以牙還牙以屎還屎ㄟ意屬）（這篇到底要出現多少屎字！）。所以他可能覺得我很不能接受那個味道，孰料他的貼心只落得被轟出去的下場，你這樣扇萬一兒子著涼怎麼辦？我想他搞錯了一點，我不能接受的是他的或別人的，但我可以擁抱痣己兒子的啊（是用不著擁抱），跟我血脈相連的兒子的屎味我可以，你一介草民憑什麼拿自己跟我兒子比，你連他一根小指頭都不如啊！

　　然後我意識到了，原來在婆婆心中不管兒子長到奪大都是她的小心肝，再廢也是親骨肉屎是香的殺了人是朋友帶壞的不聽話是媳婦教唆的，這就是為人母的心情呀～也難怪兒子做什麼都對媳婦需要事事小心如履薄冰，這是可以理解的母親的心情，婆婆沒有問題誰叫我等帶走她親愛的兒子，又沒有好好照顧是我們的錯。但有了自己的孩子後誰還想花心思去照顧別人的孩子呢，你他媽好手好腳還這麼大一叢，起居還要人照顧你好意思！

　　每個人都有娘，老公要討拍要耍廢請去找你寄己的媽馬，不想半夜被枕頭悶屎最好給我小心點，女人的耐性在生小孩後只會給自己的孩子，對老公就更不耐煩了你皮還是給我繃緊點啊（舔刀）。

我媽與你媽 ✦

　　老朋友應該知道我有一個媽媽（不然呢我能有上八個嗎）名喚美雲，江湖盛傳我們母女感情很好，其實是也不錯啦，但老實說我們並不是一直都這樣母慈女孝的，想當年一起住時也常吵得不可開交，世上有誰能跟父母住還天天都很開心和平的呢（明明有很多！）。

　　在我買房獨居前的三十年一直是住在家裡的，回想起來當年也覺得媽媽超煩的管東又管西，一下管我太晚回家，我要天天待在家又嫌我嫁不吃去反正老媽子什麼都有得唸，進房間不敲門拿東西不問一下，最糟的是還會亂丟我東西，有那麼幾次我要去垃圾堆裡把要的東西撿回來，幸好當年不是垃圾不落地年代啊，唸了半天還沒講完，美雲女士自己懶時就會整家亂糟糟回家<u>親</u>像遭小偷，發憤時就一直唸我髒（咦這不是我對老公的態度嗎有其母必有其女），反正住一起時也是吵吵鬧鬧的，誰不和媽媽吵架呢？

　　離家後感情有加溫，可能因為不常見面變得很稀罕吧？雖然來我家時還是常因不當使用我東西惹毛我，比如用不鏽鋼鍋鏟刮花我<u>貴鬆鬆</u>的不沾鍋，不能加熱的鍋具隨意就給我放在爐上燒之類，還一再切斷我很貴的陶磁刀，但自己媽媽就是這樣，今天吵一吵下次她依舊像沒事人般地出現幫我帶小孩，就像太陽下山明早依舊<u>爬上尤</u>來一樣，畢竟我是從她身上娩出來的一塊肉（豪大一塊），這就是<u>血濃於水咩</u>。

　　那如果不是呢，文中的媽媽都置換成婆婆呢，吵完可以沒心結嗎我看很難啊？

　　最近有網友告訴我婚後與公婆同住，婆婆總是不問一聲就進她房裡美其名說是整理實則就是翻東西，抽屜衣櫃都打開到底是在整什麼，就是在看裡面擺了什麼吧。誇張的是連她包包都要整，趁她不在時就拿她包包來翻，媳婦看到還不好意思表態只好躲遠，免得當場抓到婆婆在熱搜自己包包怕婆婆也會尷尬。有幾回被孩子看到阿嬤在房間東摸西摸天真的問縮阿嬤在幹嘛，婆婆就說阿嬤不能來媽媽房間嗎，我要看你媽媽都買了什麼寶物呀！

　　聽到這是否一肚子火都上來了，這種沒有分際的就是親娘的行為，然後我們做子女的要見一次打一次啊（是不用吧）！仔細想想美雲也會在我家東摸摸西瞧瞧（怕吼系），不過她只是看看我廚房或我自己的東西，是不至於去動工程師的啦，難道這是老人家共同的毛病嗎？這位網友跟先省反應先省的態度是妳為什麼老要往壞處想，媽只是想幫我們整理環境等等等，聽到這有沒有想大翻白眼，包包裡的環境又不會破壞市容整屁？今天如果是你的岳父滑你手機看你簡訊，對我來說翻櫃子翻包包等同於看簡訊了吧，或是你同事在翻你抽屜，你還能這樣瀟灑地說不要往壞處想嗎，早翻臉了呀。

　　先省們啊，太太都反應了可見心頭在不爽，當人老公的就是要

挺身而出呀～要知道我叫你媽很困難你叫你媽是很簡單的（好繞舌），就算你生氣教訓了母親一頓，一覺醒來明天依舊是你娘的心肝寶，可婆媳關係可是會讓夫妻出現裂痕的啊～

　　此案中最讓人不爽的是先生的態度，老人家做錯了該說的人去說她一下，讓她知道這樣不好也許她不會再犯，但這樣的話由同住的媳婦來說終究不妥，老公是婆媳的連結，要不是你這個王八蛋我們是有機會變成親戚嗎，還不都因為你（戳太陽穴）還有，不要再說什麼是妳想太多了，根本是你他媽長了腦子不會想，頭搖搖裡邊兒根本是空的吧！惹太太生氣最後倒楣的還不是你，有問題就快去處理才是婚姻長久之道啊（戳太陽穴）。

給那對母子 ✦

　　是的今天我要來說婆婆閒話，但為了世界和平我希望天下婆婆記得要往下看，我婆婆的鄰居如果妳有臭三八魂急著想拿給我婆婆看也無妨妳就去吧，因為今天要罵的是我弟媳的婆婆也就是我媽，為什麼我這樣內舉不避親，誰叫她實在太煩人了啊。

　　先交待一下時空背景好了，舍弟被公司外派大陸很久了一年回臺灣沒幾天，和老婆剛登記不久呈現分隔兩地之狀態，之前得空回來了一星期，但身為家人也只跟他吃過一次飯，我想兒子就是一個出去像丟掉回來像撿到的存在吧，所以這年頭真的應該生女兒啊。有天下午他和家母美雲來到我家，本想好不容易湊在一塊兒要不要晚上一起吃個飯，他說不能晚上有約了，隨口一問吃什麼他說和老婆約了要去某間<u>高凹凹凹凹凹級</u>的牛排館，此時弟媳的婆婆美雲女士輕巧地說那大家一起去吧。

　　同是天涯淪落媳我立馬跳出來教訓美雲，人家夫妻要約會妳一個<u>老灰啊</u>跟什麼跟？要他們是去八方雲集也就罷瞭，人家就特意選了<u>暗摸摸</u>的餐廳吃飯喝小酒，沒有想帶一位耆英的意思啊。見我跳出來主持正義美雲轉頭對著我弟說大家一起有什麼關係，此時一向精明靈巧的舍弟看著他的平板頭也不抬的說「應該可以吧」，天哪再聰穎的<u>男</u>能變成老公後都是一個樣，什麼樣就是一副欠殺樣！你可知道正常的太太聽到老公今兒要約我去吃大餐，都會認真打扮出門哼著歌還長裙旋轉吧，何況人家是久久才見一次面的夫妻啊！難

得見面又去平常不會去的地方吃飯，最後看到先省後面跟了一只婆婆，可能會僵掉說我去上個廁所，轉個身一拳把廁所玻璃打碎吧，本來的一肚子慾火都變怒火，婆婆就永遠別想抱孫了啊！

今天就算是去八方雲集我都不想跟婆婆一起了（我說了什麼大逆不道的話！），何況是去不好訂的高凹凹凹凹級約會餐廳，媽媽想巴著兒子的心情可以理解，可兒子要想想老婆，這樣帶著老媽去太太會多錯愕？想聚餐不會再約一攤，難得訂了不好訂的餐廳，非得要帶著老媽子去不可嗎。

此案中婆婆固然煩人但老公才更是可恨哪（戳舍弟太陽穴），怎麼可以不顧太太的想法就直接答應了呢？看到這人夫們可千萬不要自作聰明，想說下次遇到這種情況我會先問老婆，錯！你要問了老婆就是想致她於死地，她要敢說個不字就是千古逆媳，連隔壁村的阿桃嬸都會知道她是壞女人，可她要答應了自己的美好夜晚等於也毀了，怎麼說都只有一個慘字聽著聽著我都要哭了啊（拭淚）。

所以聰明的老公們，以後遇到這種情況二話不說直接拒絕你的娘吧，要吃飯總有機會你得罪了你的娘你還是媽馬的小寶貝，在媽媽心中的地位永遠不會變，事後跟老婆提一下有此事並且說你已經推掉了，老婆一聽絕對會排卵的還排兩顆可以生雙胞胎惹。也有可能老婆是想約婆婆一起的，畢竟不是天下媳婦兒都跟我一樣無良

嘛，到時再打電話給媽媽說阿惠叫我帶妳去，這媳婦就會被記一個嘉獎多好。

不過阿惠啊（誰是阿惠啦），討好婆婆沒了時，婆婆又不像媽隨便討隨便好，所以為師的勸妳放下吧，就自己和老公好好去吃一頓飯就好，就算老公都在滑手機，至少不會跟婆婆相對無語啊，老公是不會帶動氣氛的木頭他坐下來只會滑手機，當餐桌上只剩妳和婆婆是活物，不知道要講什麼但又不能不講話，是不是說多火大有多火大？

而聰明的婆婆們，妳要真去了就是讓媳婦生悶氣，慾火變成怒火又失去了一個抱孫的機會呀值得嗎？那對母子請你們好好想想吧！（拂袖而去）

給婆婆，不是我婆婆 ✦
是我弟媳的婆婆

　　又是一個打仗似的禮拜天，有兩個孩子後每個週末我都過得很崩潰，產子後我個人沒有 Blue Monday 只有 Blue Friday，主要是兩個孩子大的必須出門小的在家方便，兩人作息不同做什麼都要抓緊時間，小的醒著大的睡著不能讓他們互吵，大的該出門小的又想睡行動的時機要拿捏，兩個孩子的媽的人蔘丟洗安捏，還要在夾縫中找時間對老公發火，媽馬怎麼這麼累（搥肩）。

　　上個禮拜天終於搞定兩隻要出門，出門的路到底有多長我難以形容，就是整理好小孩出門要用的東西，玩具衣服尿布食物奶嘴水壺缺一不可，邊整邊叫老公幫小的換尿布幫大的換衣服，轉一圈回來次子還在上演光屁股逃脫長子穿著睡衣在玩玩具，而婆婆的兒子邊做什麼時都一邊在滑著手機。

　　老公的動作完全不會隨著太太聲音中的緊張感加速，結婚這麼多年來這一直是我心中的謎，為什麼不管家裡氣氛如何風風火火，老公永遠藍天白雲一派悠閒手還插口袋（屁啦明明在滑手機），美蘇他的心遺留在愛琴海，但他根本沒去過愛琴海啊！！超想把他的手機從樓上丟下去，不，手機是無辜的該被丟的是它的主人，沒看到太太頭上的引信已點燃嗎，還是你親手點上的啊。

　　一家四口終於順利走出家門，在電梯裡我才照到鏡子，內個一代網美在哪裡（其實根本沒有吧），鏡子裡的我頭髮亂到驚人眼角

疑似有塊屎，沒有所謂的穿搭我只有穿沒有搭，衣服的存在只是遮一下醜，重點是方便餵奶就好，有段時間我穿衣服只求一個訴求，就是掏奶快其它沒了，三點不要外露就好不是嗎。再看看我的兒子們，在忙亂中我還記得幫他們搭一下衣服，帶了厚外套薄背心，甚至還帶了兩條被子免得太冷太熱。走在路上遇到大玻璃反光照出寄己的樣子我都不忍看，臺北市的市容被我破壞掉了我道歉，城市美學終結者啊我。

又回想起前一天晚上家族聚餐，難得回來的弟弟帶著弟媳一起來吃飯，但帶著兩個孩子我能好好吃嗎？我能像個人樣出現在餐廳，沒給大家丟人已經是萬幸，一邊餵著小的一邊聲控父親要給大的吃什麼，吃到中段開始一邊抓著小的一邊吼大的，到最後小的在桌子底下爬我就讓他爬，沒有小孩的人應該覺得我是失格的母親吧，以前沒有小孩的我，也會覺得小孩在地上爬都不管妳配當媽嗎！現在呢，一時半刻的輕鬆多難得，可以的話你最好繞場一周再回來（或爬到十八歲再回來）不用急啊媽媽讓你自由飛，我想休息一下啊啊啊。

好了以上都不是重點（都寫完九百多字惹還沒重點！）重點是天下婆婆一般黑，她是我媽也一樣，那天遇到弟弟前，家母美雲臆測他們是不是要宣布懷孕了，婆婆真的很愛沒事亂幻想吧，從前我跟婆婆不熟時就這樣覺得了，現在身邊有一個婆婆了（是我媽，我

本人的婆婆不在身邊我們沒很熟）（也就是縮我平常在罵的婆婆都
不是我寄己的婆婆，我們真的不熟啊啊啊～～～），就更覺得婆婆
腦子是裝了什麼，怎麼這麼煩人呢？結果要是懷了也就算了，人家
根本沒懷呢又看到我這個樣子，當媽人難看就算了行為還崩潰，目
睹這一切誰還想當媽，回去八成會倒一碗避孕藥當飯吃，婆婆妳這
步路走錯了啊～

每個人家中 🖋
都有一個豬隊友

想想老公是不是個問題很大的人物，不然最近為什麼這麼流行神隊友豬隊友這種形容詞，就沒有人這樣分類太太吼因為太太沒有特別豬的嗎？但豬為什麼會變成豬他也不是故意的，男人最毒辣的一招就是他以為是體貼為妳好但根本陰了妳一大把，可又不能生他的氣因為他出發點是好的，只好罵他是豬解解氣啊不然怎麼辦（兩手一攤）。

比如吧我只是說比如哦不是我的心情哦真的不是哦你們不要誤會我哦（搖肩膀）（寫成醬看起來就是啊！），比如我覺得婆家東西很不合胃口，私下跟老公做一個談心式的透露（屁啦我會寫文章跟全國同胞透露），下次要吃飯時老公會說這些菜阿惠不愛吃我們出去吃吧，這出發點是好的立意是良善的但內容是要逼阿惠去死的，先省們看到這有明白嗎，他們當然不會，他們甚至會得意洋洋地覺得我是一代好男人我是為老婆好耶她不愛吃是她自己說的啊，做了蠢事還得洋洋的這就是老公。

更可怕的是無論誰只要挖好洞先省就會往裡跳完全不用設局，有次離過年還很久，某天婆婆無端地問說你們過年會回來嗎，因為那年過年離我的預產期近所以才會問我猜，老公很得意地說很溫暖吧，竟然被問回不回意思是妳可以不回啊。而那天他的回答好像是她不一定耶因為快生了，但我一定會回去，說出來他還得意洋洋的覺得很聰明，但其實我心裡是想你他媽無腦這是一個局啊！過年還

這樣早耶當時才 11 月吧，真要閒聊怎麼不問聖誕怎麼過生日怎麼過，一下問到過年去佐咩耶？所以這種事當然是說「回，當然會回啊」讓對方失去了戒心，到時再說阿惠懷胎不適每天嬰兒都好像要衝出來了，舟車勞頓下恐怕會在國道三或清水交流道的廁所分娩她這次就不回了，這不是很好嗎（說出來就破哏了啊）。

你先講了給對方心理準備，對方就會再出招，但其實也不是招啦，我根本發現長輩問你事情是問好玩的，他不是要知道你意志他只是想聽到想聽的答案，果然後來公公來又問我們過年回不回去了，我相信如果答案他不滿意就會一問再問直到問到他想聽的，此時只有無腦的老公會開朗地說爸媽真好耶准妳不回去，殊不知你又推阿惠去死了一回這次還一屍兩命。

想想女人真心酸，兒子要說「麻～等不及要過年回去團圓吃您煮的菜了」媽媽一定很開心，媳婦要是也這樣跟自己娘說，就會被指控失去了女德過年竟然膽敢不回婆家，過年誰不想要投入媽媽的懷抱（然後使喚媽媽）啊，而阿惠就這樣變成了一個令人髮指的媳婦（其實是她自找的）真是不勝唏噓。

說到這，我想起懷孕時有次因為細故公婆需要來臺北小住一天，說起來在下結婚四年公婆才第一次來住我家，天哪我上輩子應該是造橋鋪路的大善人吧才會有此好報，只是今生拿此事沾沾自喜

下輩子不免又要厄運連連，這就是善惡到頭終有報之生命的大法輪（什麼啦）。總之身爲一大部分時候都置身事外的爽媳，公婆要來小住一天自然是要殷切款待，是說不管平日有沒有常往來，公婆來襲（聽起來像一種防空警報）總是得把皮都繃緊，畢竟古有明訓醉郎ㄟ新ㄅㄨ愛災斗力，於是那幾天我忙著整房子收衣服備床鋪，久沒用的東西該除溼的除一下該洗的洗該曬的曬，擔心高雄人特別怕冷還挖出厚點的被子，我爬高上低搬來搬去忙進忙出。於此同時公婆的親骨肉忙著看美劇打電動完全沒有要協助孕妻的意思，其實他該不會忘了我有身以爲我只是發胖了吧？

　　用品整完還有民生問題，那天想了很多餐廳問他吃哪家好，是說我腹中還有公婆好像愛吃什麼不愛什麼的名單，醉郎ㄟ新ㄅㄨ真是千古大任又要苦心志又要勞筋骨，隨便問一個女婿知道岳父母愛吃什麼嗎他一定不知道，搞不好他連自己父母愛什麼都不知啊忘拔蛋。可他媽還是愛他愛得要命有錯都是媳婦的錯吧，這個社會對媳婦就是價你鴨不公平，聽完我的公婆臺北之旅美食簡報只差沒做PPT，他爽朗地說不用麻煩了在家吃點家常菜就好。

　　家 · 常 · 菜！（國劇甩頭）

　　家常菜不用設計菜單不用採買不用洗不用做嗎？你當家常菜會從天上掉下來朽？吃完還要洗要收哩干災？可恨的是還說不用麻

煩了，對你來說只是從客廳走到飯廳連門都不用出當然不麻煩，一切都是老娘辛苦老娘忙你當然不麻煩啊（機關槍掃射）。

　　差點要上網買槍了畢竟張惠妹都縮如果妳不想要要下手要趁早（吟唱），如此一來出獄後我還有機會改嫁吧，但算了婚後的男人都會變同一人他們是複製人全面進攻，嫁給隨又有什麼差（點菸）？既然人人家中都有一個豬隊友，爛事就讓它隨風，繼續跟身邊的那頭相知相守一輩紫吧（雙手緊握）。

豬隊友番外篇
之婆婆的豬隊友

上篇說到公婆來襲老公說不用麻煩了，就在家裡煮煮吃吧省得想餐廳，天哪打出這幾個字我怒火又攻心攻腦衝上雲霄了，想餐廳麻煩還是買菜煮菜善後麻煩（折指關節）！

幸好我有網路取暖小團體，有人說身在超過十人的大家族中，先省說大嫂老是煮大魚大肉太豐盛了吃了身體不健康，過年毛遂自薦讓太太來煮，把人推入火坑不是請縷的真諦吧，這款丈夫真應該被推到焚化爐銷毀啊。有人說爸媽到德國去看女兒，吃飯時間到了說要出門吃，老杯說不用麻煩了叫妳媽包個水餃就好，包水餃要餡兒要皮兒人在德國要去哪裡找，這叫不用麻煩了男人只要自己不用出門就不麻煩吧！還有位太太說公婆臨時要來她在打掃房子，叫老公一起老公不肯兩人火大吵起來，最後老公打電話去罵媽媽說叫他們不要來了，太太還得打去解釋這一切，但解釋又有何用媳婦在婆婆心中已黑比山繆傑克森還黑，畢竟千錯萬錯都是媳婦的錯啊。好了太太們免怨嘆別再說上天不公平，每個人家中都有一個豬隊友就像劉德華說每個家都有馬桶一樣，妳不寂寞的啊（含淚搭肩搖）。

我無能我沒用最後我還是煮了，不幸中之大幸是溫刀有洗碗機，不然招待完公婆後我怨念會更深吧，深到萬一不小心出了意外會變厲鬼那麼深（呸呸呸）。而且（我）老公就是個不長眼的東西，他們臉上的那兩顆是裝飾品啊還不見得好看真氣人（但工程師號稱他的眼睛很漂亮啦）（聽了更氣有沒有）。像那天的情況下咔蘇公

沒有洗碗機的幫忙，他一定會在飯後鑽進廚房跟我搶洗碗，轟他出去他還會假仁假義地說我來我來，是我家人我應該要做，踏馬的老娘也是你家人就沒見你自願幫我洗過一個碗，非得要在公婆眼前做家事，讓老人家覺得這媳婦懶散我兒子真是太可憐了家門不幸，老公就是如此這般白目的存在啊（輕嘆息）。

不過後來我發現白目應該是個遺傳病（開始罵公拱惹我該死），我家只有多一張單人床位嘛，所以特地去娘家搬回了單人床墊要給公婆睡，因為沒地方放先疊在一張單人床上，我的計畫是公婆一個睡床一個打地鋪。睡覺時間到我要把床墊拖下來時公公堅持不要，說他可以跟婆婆睡在一張小小的單人床上，婆婆說不要啦公公一直說沒關係，我說可以搬下來很方便的公公還是說不用不用擠一張就好，還強調他睡覺不會亂動等等，一直到婆微變臉他才同意我幫他鋪個床，各位說白目是不是個可怕的遺傳疾病？

以前我就說過工程師是個沒框框的男子，沒框到我朋友來他可以穿著浴袍在家裡走來走去完全不覺不妥，沒框到我媽來他可以穿著軟質運動褲（我稱之為老二浮雕褲，因為很軟質軟到辣個東喜淺淺地浮出來擺在哪都一清二楚），而且他不是不知道哦我有跟他說，該男子嘴硬地說不可能那妳說說它現在在哪，我一戳就戳到__頭的太陽穴（如果它有的話）他還是不換有沒有帥？這點倒感覺跟我公公差很多，我公公是個西裝筆挺的男性，認識他這麼久我只看

過他穿襯衫打領帶，無論透乍或深夜，無論他在上班或是去遊樂區七投，那根本是人體彩繪吧怎麼可以這樣始終如一？

　　不過那天我見識到了這可怕的遺傳，因為我公公洗完澡無預警地穿著四角褲走出來把我嚇壞，雖然有上衣，但我不曾見識過公公露出這樣大面積的肌呼我太震驚。這麼說來那對父子還有同一個毛病，就是去飯店去百貨公司會一直問同行者停車場在哪，其實停車場還能在哪，你繞著大樓轉一圈總會看到個 P 字，但工爸是會打電話問我們停車場在哪的人哦，停好了跟他說上三樓還會覺得不確定三樓在哪，最後叫人家去樓下接他。說到這我想到一個悲傷的往事，有次我們和朋友約吃飯我先下車工程師去停車，我傳訊跟他說我們在二樓，停好車後那廝竟然來電問我「二樓怎麼上去，樓梯在哪？」當下我好震驚啊二樓怎麼上，蜘蛛人可以徒手爬上飛虎隊可以從天花板垂降，你沒特殊長項就他媽給我走樓梯上，樓梯沒那麼難找還非得打電話問，這人有什麼毛病，不對，是我才有什麼毛病，竟然也嫁了啊（給我菸）。

　　想到以前有人說老婆以後會變什麼樣看看岳母就知道，女人的老後就會變得跟她媽一樣，原來這話也能套用在老公身上，老公以後就會變成他寄己的爸爸啊～想到我也生了兩個兒子，未來的媳婦我對不起妳啊。

帶嬰童出門外宿的媳婦究竟該帶多大的旅行箱呢？嬰兒出門變數多，最怕東西帶不夠？諾諾諾你把打包想淺了，小收納大學問，請看媳婦界的收納達人宅女小紅帶嬰打包特輯。

打包的沿革

吾人生平最恨打包，算了稱不上一個「最」字，因為出發前的打包跟回來後的打開一樣恨，偏偏結婚生子後打包更頻繁了，就算不出國也要打包回婆家是不，產子三年餘練了這麼久，我現在打包超快的啊。

年輕時的打包是快樂的，面膜浴鹽足膜小腿舒緩貼布是必需品，對了我還熱愛帶磨腳皮器出門，畢竟在家磨家裡會有漫天飛舞的腳皮，還是要出去磨才妥當；不過也要注意不要被有心人士採集到檢體，到時做出一隻你的複製羊去做壞事就不妥了（但為什麼複製的我會是羊呢）。打包也是充滿幻想的，如果跟男友去是否要帶性感睡衣呢，總不能白天漂漂亮亮晚上變大媽是吧。接著還要帶幾件正式點的衣服，免得他訂了什麼高凹凹凹凹級的餐廳，我穿太爛會丟光臺灣人的臉。衣服都帶了是不是要帶鞋跟它搭，於是包包裡塞了晚宴服高跟鞋，敝人是沒在講究整體搭配，不然有的還會帶電棒髮捲咧糾搞缸。重點是塞了滿包我他媽還從沒有一次走進正式餐廳過，這就是惱人的白帶，比辣種惱人的白帶還要惱人（哪種呢），帶去又帶回行李箱滿的買了什麼還要手提，於是我跟寄己打勾勾，妳啊妳，再也不要作什麼高級餐廳夢了好嗎。

走進婚姻這場騙局後，打包要包兩人份恨意也是倍數增長。我老公很奇怪，他在臺灣有可能三天穿同件衣服，但假如出國五天他老兄一定要帶八套，一樣會帶上正式服裝體面的鞋，而且他會穿著休閒鞋帶上運動鞋，有時還堅持要帶上他的第一百零一雙好鞋 Timberland，最後每天都穿著我帶去的拖鞋，你說這人該殺不該殺（舔刀）。

而且訂高級餐廳這種事不是男人偷偷在訂的嗎，你要沒訂我們怎麼可能去，囊道有可能走在路上遇到就去，那也還是沒穿到正式衣服啊，最後還不是原封不動回到逮丸，襯衫還皺了下次穿又要我燙，來人哪拖出去斬了啊！

現在生了孩子行李裡塞滿小孩的東西，畢竟大人缺了什麼可以忍一忍，小孩少了習慣的棉被愛用的餐具睡前的音樂小玩具打發時間的小零食，有可能就不吃不睡一直起番整路鬧，所以自然是以小孩為重。但小孩東西都帶了又帶了小孩本人（不然呢），實在也沒什麼餘力多帶幾個箱子，所以為娘開始把自我需求縮至最小，我放棄了造型放棄了保養我一罐乳液擦全身，這不是為人父母正常的犧牲嘛。當然不是

啊白目牽到北京一樣是個死白目，我說的自然是捐精者也就是江湖人稱的生父，看到我在打包完全不幫忙就算了，跟他說把他想帶的衣服拿出來給我，該男子抱了一座小山來，四天三夜的行程內含兩件襯衫，我問他你帶襯衫幹嘛他說萬一要去什麼正式餐廳怎麼辦？又來！（拋出血滴子）這麼些年了怎麼還是看不透，你他媽根本不會去高級餐廳呢（取回人頭）。

再來又是老話一句，你在臺灣都不換衣服出門幹嘛像走秀，我，你的老婆，同時也是一代網美（很敢講），我穿一套帶一套，打算第一天和第三天穿一樣第二天和第四天穿一樣，本來連內褲都不想帶的，想說一件到底晚上就讓它吹吹風（誰啦），洗澡時順便洗內褲隔天穿就好，打包就是要斷捨離啊！後來考量到吾人雖然內褲用料筆腳多，但一條是也佔不到多大空間，算了算了多帶一條吧，才把它又塞進去。

這樣以孩子舒適為己任置個人衛生於度外這就是母親啊～而還沒出遊才在打包呢就感情失和惹，這是什麼呢這就是婚姻哪（輕吐菸圈）。

收納達人宅女小紅：「打包就是要斷‧捨‧離」

4大 TIPS × 8 項打包清單
一個登機箱就搞定全家返鄉行李

我們一家四口的衣服一人的放一個，塞不下的不要帶，冬天衣服厚真的塞不下的就塞老公的那一袋，一人一個比較好整理，也不會一攤開東西都找不到哦。

重點是不要問老公要帶什麼，因為讓他選他就會帶很多，就隨便幫他拿個一件上衣，主要是不要讓婆婆覺得兒子每天都穿一樣就好，老公是當過兵的，內褲兩三天不換應該無妨（把國軍當什麼了）。

●外宿天數：3Days
●人數 = 40Y 夫、41Y 妻、3Y6M 子、1Y4M 子
●行李箱尺寸 = 20 吋登機箱

打包 TIPS

TIP 1	返鄉天數不要多
TIP 2	行李攜帶剛剛好
TIP 3	打包就要斷捨離
TIP 4	老公行李吼伊 Key

Pack with 帶嬰返鄉打包特輯
Amazing Showon:
Special Tips for Moms with Babies

收納達人 = 宅女小紅

幼兒行李帶這些就夠用！

換洗衣物

雖然身為一代網美我出門自己衣服絕不多帶，畢竟小孩東西多啊～尤其內褲不用帶晚上手洗曬乾第二天可以穿，特別推薦性感蕾絲款布少乾得快，就算在潮溼的逮丸也不會曬不乾害妹妹生病哦（不是我媽生的妹妹哦）

1

常備藥

防曬防蚊消毒和藥品要帶，對了，希普利敏會讓大部分孩子想睡，其它的我不能多說了。

2

零食

小零食很重要，在車上坐不住時趕快拿出來。

3

奶粉

奶粉千萬不要多帶，帶剛好即可，萬一被婆婆強留下來可以說奶粉不夠了要回家。記得，奶粉要選不好買的哦，免得被婆婆在巷口買到畫虎不成反類犬（這成語是這樣用的嗎）

4

玩具

孩子如果有什麼晚上拿著才睡
得著的小被子聽了才能安穩的
小音樂記得帶，另外選一兩樣
小玩具就好，根據經驗，孩子
出門新鮮貨太多，對自己的玩
具很冷漠是惱人的白帶啊。

5

6

幼兒個人用品

孩子吃飯、刷牙的個人用品記得帶。

尿布

尿布精算後多帶個三四片就好，尿布
是最佔空間的了，可以放在夾鏈帶中
有壓縮效果，變成真空的會更扁更不
佔空間。

8

媳婦的保養品

最後別忘了帶自己的保養品，回婆家
很容易產生細紋的（為什麼）

7

《夢一場》

詞：內湖小林夕

● ● ○ ○

我們都因為無知進入婚姻生活

我們都因為結婚而有殺夫念頭

好想改嫁的日子　行兇的心思　隱藏多久

我們改變了習慣過年都回他家

我們放棄了自己變越來越邋遢

變歐巴桑的日子　還剩下多久　已不重要

時常想起過去內個人

他勤奮聽話笑話不冷

電話會接使命必達有分寸

上個廁所不用三十幾分～

吸菸有害健康

早知道是這樣　這種下場

我才不會把婚前承諾放在我心上

杯子不收　馬桶不擦

沙發上有衣服直接往上躺

但我說婚姻都　這種下場

婆婆的兒子行為實在都非常兩光

讓你去臥　讓你去躺

讓你在馬桶上手機繼續滑

讓我在好老公書裡面療傷～

　　天哪這是我的第六本書，你沒想到我能走
到今天吧我也是百思不解啊，而我也悟到了改
造老公原是夢一場。還是謝謝各位看到最後，
都看到這步田地，不如買書斗內一下非自願失
業的中年婦女吧，您的三百多塊支持了出版業
和二度就業，這麼有意義的錢不花嗎，不說了
快去結帳吧（推）。

點假菸就好莫真吸嘿～

「幸好是夢。」

THE END

附錄

羞昂詞彙大全

快掃 QRcode 查詢

線上搜尋更方便

特別感謝 火焰化紅蓮
（這是工程師的筆名他是不是超有事）

好老公國際中文版──莫等待、莫依賴，勤勞的老公不會從天上掉下來／宅女小紅（羞昂） 著.-- 初版 .-- 臺北市：時報文化，
2018.09；192 面：17 × 23 公分；（Life：41）
ISBN 978-957-13-7513-7 （平裝）

1. 家庭關係
544.1 107013281

ISBN 978-957-13-7513-7
Printed in Taiwan.

Life 041

好老公 國際中文版
HOU LAU GONG
INTERNATIONAL

莫等待、莫依賴，勤勞的老公不會從天上掉下來

作者｜宅女小紅（羞昂） 特約編輯｜趙敏 內容統籌｜大都 英譯｜王老師 主編｜陳信宏
裝幀設計｜謝捲子 插畫｜柘榴君 攝影｜李盈霞 執行企畫｜曾俊凱 編輯顧問｜李采洪
發行人｜趙政岷 出版者｜時報文化出版企業股份有限公司 10803 臺北市和平西路三段 240 號 3 樓
發行專線｜(02)2306-6842 讀者服務專線｜0800-231-705・(02)2304-7103 讀者服務傳真｜
(02)2304-6858 郵撥｜19344724 時報文化出版公司 信箱｜臺北郵政 79-99 信箱
時報悅讀網｜www.readingtimes.com.tw 電子郵件信箱｜newlife@readingtimes.com.tw
時報出版愛讀者｜www.facebook.com/readingtimes.2 法律顧問｜理律法律事務所 陳長文律師、李念祖律師
印刷｜詠豐印刷有限公司 初版一刷｜2018 年 9 月 14 日 定價｜新臺幣 399 元
（缺頁或破損的書，請寄回更換）

時報文化出版公司成立於一九七五年，並於一九九九年股票上櫃公開發行，
於二〇〇八年脫離中時集團非屬旺中，以「尊重智慧與創意的文化事業」為信念。